Mirjam Beile

Brotbacklust

222 Rezepte für den Brotbackautomaten

Ulmer

Vorwort

Schon als Kind entdeckte ich meine Liebe zum Brot backen in der Küche meiner Mutter und Großmutter: Der Duft von frischem Brot gab mir nicht nur das Gefühl von Geborgenheit, sondern faszinierte mich. Noch heute bin ich immer wieder erstaunt, was man aus ein bisschen Mehl, Wasser, Hefe und Salz alles zaubern kann.
Gekauftes Weißbrot enthält üblicherweise Weizenmehl, Weizenprotein, Sojamehl, Hefe, Wasser, Emulgator E 472e (Ester von Mono- und Diglyceriden der Speisefettsäuren), Antioxidationsmittel E 300 (Ascorbinsäure), Pflanzenöl, Salz, Essig, Dextrose und das Konservierungsmittel Sorbinsäure (gegen Schimmelbefall).
Selbst gemachtes Weißbrot enthält Mehl, Wasser, Hefe und Salz! Vier simple Zutaten, die unzählige Variationen ermöglichen.

Sie müssen kein Bäcker sein, um Brot herzustellen. Jeder kann es!
Ich habe mir mit diesem Buch zum Ziel gesetzt, Ihnen Spaß, Genuss und Inspirationen rund ums Brot zu vermitteln. Sie werden einfache, nachvollziehbare und dennoch raffinierte Rezepte finden, die durch ihre klare Gliederung den Erfolg garantieren. Die verführerischen Bilder werden Ihnen Lust bereiten und Sie zum Nachmachen animieren. Sie finden in diesem Buch ein Feuerwerk von Ideen mit insgesamt 222 Rezepten, die neben verschiedenen Brotsorten auch Anleitungen für Kuchen, Salate, Aufläufe, Suppen, Desserts, Tapas und Aufstriche bieten.
Ich habe die unverzichtbaren fachlichen Basisinformationen bewusst so kurz wie möglich gehalten und mich auf die Vielfalt der Rezepte konzentriert.

Ich wünsche Ihnen viel Spaß beim Umsetzen!

Mirjam Beile
Ettenheim, August 2009

Das Gerät und die Zutaten

Noch nie war es so einfach, sein eigenes, frisches Brot selbst zu backen.

Die Brot-Rezepte

Einfach und doch raffiniert: 4 simple Zutaten, Liebe zum Backen und Kreativität sind der Schlüssel zum Erfolg.

Variationen aus Teig

Fantasievolles und Altbewährtes: Gaumenfreuden für jeden Anlass.

91

Aufstriche & Co

Leckere Kleinigkeiten, die den Unterschied ausmachen.

131

Service

139

Das Gerät und die Zutaten

Noch nie war es so einfach, sein eigenes, frisches Brot selbst zu backen.

Der Brotbackautomat

Blick in die Backform mit einem fertig gebackenem Brot.

Brot erfüllt in idealer Weise alle Anforderungen an eine moderne und gesunde Ernährung. Noch nie war es so einfach sein eigenes, frisches Brot zu backen. Brotbackautomaten kommen aus Japan und gibt es seit den 80er Jahren auch in Deutschland zu kaufen. Heute sind sie durch ihre einfache Handhabung fester Bestandteil in modernen Küchen. Die Preise für einen Brotbackautomaten liegen im Schnitt zwischen 30 und 200 Euro. Die Unterschiede liegen in der Kapazität, im Zubehör, im Gewicht des Gerätes, in der Leistung, in den Umwelteigenschaften (Stromverbrauch), im Design, in der Benennung der Funktionen und Programme sowie in der Technik. Einige Geräte können außerdem süßen Brotaufstrich liefern, also Konfitüre und Marmelade kochen.

Suchen Sie sich ein Gerät am besten nach Ihren persönlichen Anforderungen und Bedürfnissen aus. Vergleichen Sie die Preise in den Kaufhäusern und Discountern. Achten Sie beim Kauf jedoch zwingend darauf, dass die Geräte das **GS-Zeichen für geprüfte Sicherheit sowie das CE-Zeichen** tragen.

Das Prinzip eines Brotbackautomaten

Alle Automaten arbeiten nach dem gleichen Prinzip: Im Inneren des Gehäuses sitzt eine beschichtete Backform mit Knethaken. In diese Backform werden alle Zutaten in vorgegebener Reihenfolge eingefüllt. In der Regel gibt man zunächst die **flüssigen Bestandteile** des Teigs (z. B. Wasser, Milch) und dann die festen Zutaten (z. B. Mehl, Salz) in die Form. Bei einigen Geräten ist es umgekehrt, beachten Sie die Gebrauchsanweisung!
Über eine Folientastatur wählen Sie nun das gewünschte Programm. Die Hersteller benutzen unterschiedliche Namen für die **Backprogramme**. Bezeichnungen sind beispielsweise: „Normal“, „Mehrkorn“, „Französisch“, „Weißbrot“, „Schnell“, „Vollkorn“, „Rosinen“, „Glutenfrei“, „Teig“, „Backen“, „Marmelade“.
Die verschiedenen Backprogramme unterscheiden sich in der Dauer des Knetens, Ruhens und Backens.

Über die **Bräunungstaste** können Sie noch einstellen, ob das Brot eine helle, mittlere oder dunkle Krustenbräunung bekommen soll. Hier ist ein Nachteil im Vergleich zum traditionellen Brot backen im Backofen zu nennen: Das Brot wird zwar eine dunkle Kruste (je nach Mehlsorte) erhalten, aber keine rösche Kruste, so wie Sie es vielleicht bislang von Ihrem Backofen gewöhnt sind.
Der Brotbackautomat bezieht seine Wärme aus einem Ringheizkörper, der meist im unteren Viertel des Backraums angebracht ist. Aus diesem Grund fehlt die Oberhitze und somit die intensive Bräunung an der Brotoberseite. Aber Sie werden feststellen, dass es trotzdem genügend Gründe für einen Brotbackautomaten gibt.
Die **Funktion „Teig“** ist dafür vorgesehen, Teige nur kneten zu lassen, um sie danach entsprechend weiter zuverarbeiten. So können beispielsweise Brötchen, Fladen und Baguettes geformt und dann im Backofen fertig gebacken werden.

Praktisch ist auch die **„Timer“-Funktion**: Mit ihr können Sie einstellen, zu welchem Zeitpunkt Ihr Brot gebacken werden soll. Beachten Sie hierbei nur, dass Sie keine schnell verderblichen Waren wie Wurst, Gemüse, Jogurt oder Käse einfüllen.

Wenn Sie nun ihre individuelle Programmwahl getroffen haben, drücken Sie die Taste „Start“. Nach dem **Programmstart** übernimmt der Brotbackautomat alles weitere für Sie. Er kümmert sich um das Kneten des Teigs, um die Ruhezeiten, die der Teig benötigt, um zu gären, und um das Backen. Wenn das Brot nach etwa drei bis fünf Stunden fertig ist, ertönt mehrmals ein Piepton, um anzuzeigen, dass das Brot entnommen werden kann.

Programmablauf eines Brotbackautomaten

> Backform einsetzen
> Knethaken einsetzen
> Zutaten einfüllen
> Deckel schließen
> Gerät einschalten
> Programmablauf wählen
> Starttaste drücken
> Ende des Programmablaufs, Brot herausnehmen

Die Grundzutaten

Mehl, Wasser, Salz und ein Lockerungsmittel, z. B. Hefe: Mehr braucht es nicht, um ein köstliches Brot zu backen.

Aus wenigen Zutaten entsteht köstliches Brot, das ganz nach eigenem Geschmack variiert werden kann.

Mehl

Überwiegend werden kräftige Brotmehle aus Weizen, Roggen oder Dinkel verwendet. Aus der **Typenzahl** des Mehles können Sie die Eignung und den Verwendungszweck ableiten. Je höher die Typenzahl ist, desto mehr Vitamine, Mineralstoffe und vor allem Ballaststoffe sind im Mehl enthalten.
Vollkornmahlerzeugnisse haben keine Typenzahl. Da sie das ganze Korn enthalten, werden sie als Vollkornmehl bezeichnet. Achten Sie beim Kauf auf allerbeste Qualität! Diese erhalten Sie direkt in Mühlen, Bioläden, Reformhäusern und Kaufhäusern mit Lebensmittelabteilungen.

Weizen

Durch seinen hohen Eiweißanteil weist Weizen optimale Backeigenschaften auf. Im Handel ist er als ganzes Korn, Schrot (fein, mittel, grob), Grieß, Dunst, Vollkornmehl oder Mehl in verschiedenen Typenzahlen erhältlich.

Roggen

Bei Roggen ist die Menge und Qualität von glutenbildenden Proteinen wesentlich geringer als beim Weizen, der Anteil an Schleimstoffen (Pentosane) dagegen wesentlich höher. Demzufolge ist der Roggenteig nicht dehnbar und elastisch sondern plastisch, mit leicht feuchter Oberfläche. Die niedrige Verkleisterung erfordert eine Säuerung des Teiges, da das Brot sonst ungenießbar wird. Im Handel ist Roggen als ganzes Korn, Schrot (fein, mittel, grob), als Vollkornmehl oder Mehl in verschiedenen Typenzahlen erhältlich.

Dinkel

Dinkel weist einen sehr hohen Feuchtglutengehalt auf. Die Dinkelteige sind sehr dehnbar, was den Anwendungsbereich etwas einschränkt. Ernährungs-

physiologisch betrachtet wird Dinkel vom menschlichen Organismus besser vertragen als Weizen.
Unreif geernteter Dinkel kommt als **Grünkern** auf den Markt. Im Handel ist Dinkel als ganzes Korn, Schrot (fein, mittel, grob), als Vollkornmehl oder Mehl in verschiedenen Typenzahlen erhältlich.

Andere Getreidearten

Mais, Gerste, Reis, Hafer, Buchweizen, Amaranth und Hirse enthalten keine glutenbildenden Eiweißstoffe und sind deshalb alleine nicht backfähig. Sie müssen mit anderen backfähigen Getreidearten gemischt werden.

Wasser

Hauptsächlich wird zur Brotherstellung Wasser verwendet, jedoch eignen sich auch andere Flüssigkeiten wie z. B. Mineralwasser, Frucht- und Gemüsesäfte, Milch, Buttermilch oder Jogurt. Beachten Sie, dass die Menge variiert, wenn Zutaten hinzukommen, die ebenfalls Flüssigkeit enthalten wie Eier, Käse oder Gemüse. Die Temperatur sollte ca. 30-35°C betragen.

Salz

Kochsalz ist das wichtigste Brotgewürz bei der Brotherstellung. Im Handel gibt es Salz in drei Feinheitsgraden: grob, mittel und fein. An Sorten wird Meer-, Stein-, Siede-, Jod-, Fluor-, Gewürz- und Kräutersalz angeboten.

Typen für Mahlerzeugnisse

Weizenmehl Typenzahl	Eignung	Roggenmehl Typenzahl	Eignung	Dinkelmehl Typenzahl	Eignung
405	Für feine Backwaren	610	Für helles Mischbrot	405	Für feine Backwaren
550	Für Weißgebäck	815	Für Brötchen und Mischbrot	630	Für alle Brotsorten
630	Für Weißgebäcke und helles Mischbrot	997	Für Misch- und Sauerteigbrot	1050	Für dunkleres Brot, Vollkornbrot
812	Für helles Mischbrot und zum Beimischen für Weißbrot	1150	Für Misch- und Sauerteigbrot		
1050	Für Mischbrot	1370	Für Misch- und Sauerteigbrot		
1200	Für dunkles Mischbrot	1800	Roggenschrot für Schrotbrot		
1700	Backschrot für Schrotbrot				
2000	Nachmehl für Ballaststoffreiches Brot (alleine kaum backfähig)				

Übliche Salzmengen sind 2% der Mehlmenge, also 10 g Salz (etwa 1 EL) auf 500 g Mehl. Ob Sie nun Kräutersalze, Jod- oder Fluorsalze statt „normalem" Salz verwenden, hat keinen backtechnischen Einfluss auf das Brot im Brotbackautomaten, sondern nur auf den Geschmack des Brotes.

Lockerungsmittel

Damit ein Brot genießbar wird, benötigt man sogenannte Lockerungsmittel. Ohne diese wäre das Brot fest wie ein Stein, und somit ungenießbar. Für die Brotherstellung haben sich Hefe, Sauerteig und Backferment bewährt.

Hefe, Sauerteig und Backferment sorgen dafür, dass das Brot schön locker wird.

Hefe

Hefe ist ein pflanzliches Kleinlebewesen, das zu den niedrigen Pilzen zählt. Sie hat die Fähigkeit, Zucker in Alkohol und Kohlendioxid zu vergären. Durch dieses Kohlendioxid gelangt „Luft" in den Teig. Im Handel werden **Frischhefe** und **Trocken-/Instanthefe** angeboten.

Frische Hefe hat einen intensiveren Hefegeschmack als Trocken-/Instanthefe. Geben Sie den Hefewürfel nicht im Ganzen zum Teig, sondern zerbröseln Sie ihn vor der Verarbeitung, bzw. lösen Sie ihn in Wasser auf. So kann sich die Hefe sofort verteilen. Welche Methode Sie anwenden, hat keinen Einfluss auf das Backergebnis im Brotbackautomaten. Trocken-/Instanthefe hat sich durch seine lange Haltbarkeit bei den meisten Brotbackautomaten-Bäckern bewährt. Das Granulat wird einfach in den Teig gestreut.
Ein Päckchen Trockenhefe (10 g) entspricht ½ Würfel frischer Hefe (21 g) und reicht für ca. 500 g Mehl.

Sauerteig

Sauerteig ist ein Mittel zur Lockerung und Säuerung von Teig. Der Sauerteig allein ist im Prinzip zu nichts zu gebrauchen. Er muss mit weiteren Zutaten vermischt und dann gebacken werden. Man verwendet ihn überwiegend für Roggenbrote. Sauerteig macht aber auch Weizen- und Weizenmischbrote würziger und haltbarer. Sauerteig ist im Handel als Starter, frisch, fertig, flüssig, trocken, pastös und als Extrakt in Pulverform erhältlich. Beachten Sie unbedingt die Herstellerangaben! Die Mengenangaben unterscheiden sich enorm. In der Regel werden ca. 20 – 30 % der Mehlmenge versäuert. Sauerteig können Sie auch ganz leicht selbst herstellen.

Sauerteigansatz:
1 großes Einmachglas (1 Liter)
50 g Roggenmehl Type 1150
100 ml Wasser
15 g Bienenhonig

Das Mehl im Glas mit Wasser und Honig verrühren. Über die Öffnung des Glases ein Backpapier legen und mit einem Gummiring verschließen. Das Behältnis an einen warmen Ort (am besten auf das Fensterbrett) stellen und alle 12 Std. umrühren. Der Sauerteigansatz ist nach ca. 48 Std. backfähig und ca. 3 Wochen haltbar.

Klassischer 3-Stufen-Sauerteig:
400 g Roggenmehl (Type 1150)
400 ml Wasser

1. Stufe: 100 g Roggenmehl und 100 ml lauwarmes Wasser mit einem Schneebesen oder einem Handrührgerät auf niedriger Stufe verrühren. Circa 24 Std. bei Zimmertemperatur in einem verschlossenen Einmachglas stehen lassen.
2. Stufe: Erneut 100 g Roggenmehl und 100 ml lauwarmes Wasser in das Einmachglas geben und gut verrühren. Das Ganze nun einen weiteren Tag bei Zimmertemperatur stehen lassen.
3. Stufe: Das restliche Roggenmehl 200 g) und Wasser (200 ml) dazugeben und wieder einen Tag stehen lassen. Der Teig müsste dann sehr säuerlich riechen und so schmecken, dass man beim Probieren das Gesicht verzieht. Falls noch gar keine Säure zu schmecken ist, noch einen weiteren Tag warten. Um den Sauerteig weiter zu entwickeln, können Sie in der 1. Stufe 50 g fertigen Sauerteigansatz zugeben.

Backferment

Das Backferment, das es heute in Reformhäusern und Bioläden als trockenes Granulat oder Grundansatz zu kaufen gibt, ist ein mildsaures Backtriebmittel aus Honig, Getreide und Hülsenfruchtemehl. Für Zöliakiekranke wurde ein glutenfreies Ferment auf Maisbasis entwickelt. Mit Backferment hergestellte Brote oder Brötchen sind für Menschen mit empfindlichem Verdauungstrakt besser bekömmlich als das mit Hefe oder Sauerteig hergestellte Brot. Obwohl es nie so bezeichnet wird, handelt es sich beim Backferment im Grunde um einen milden Sauerteig. Ähnlich wie bei diesem muss ein Grundansatz in der Regel in zwei Stufen hergestellt werden. Beachten Sie hierzu generell die Angaben des Herstellers.

Backmischungen

Unzählige Hersteller bieten fertige Brotbackmischungen an. Sie sind auf die Verarbeitung im Brotbackautomaten abgestimmt, enthalten alle notwendigen Zutaten (außer Wasser und teilweise Hefe) und sind meist sehr preiswert. Sie können Backmischungen auch eine persönliche Note verleihen, indem Sie statt Wasser Jogurt oder Buttermilch zugeben. Die Zugabe von Nüssen, Samen, Rosinen, Gewürzen oder Kräutern bietet weitere Möglichkeiten der Verfeinerung.

Fertige Backmischungen

Vorteile:
- preisgünstig
- gleichbleibende Qualität

Nachteile:
- geringere Qualität als frisch gemahlene Mehle
- enthalten evtl. Konservierungsmittel

Nahrungsmittelallergien und -unverträglichkeiten

Manche Menschen können Eier, Milch, Nüsse oder Brot nicht unbeschadet essen. Sie werden von einer Nahrungsmittelallergie bzw. -unverträglichkeit geplagt. Nur wenn Sie Ihr Brot selber backen, können Sie bestimmen, welche Zutaten in Ihrem Brot verarbeitet werden. Deshalb verwenden insbesondere Nahrungsmittelallergiker sehr gerne einen Brotbackautomaten. Um bestimmte Zutaten, die allergische Reaktionen auslösen können, gegen andere, allergiefreie Zutaten, zu ersetzen, erfordert es Übung und Erfahrung. Die Alternativen sind meist beschränkt, aber fast immer gibt es eine Austauschmöglichkeit, um ein köstliches Brot herstellen zu können.

Vorschläge bei Unverträglichkeit:

- **Gegen Weizen und Roggen:** Verwenden Sie andere Getreidesorten wie Amaranth oder Quinoa.
- **Gegen Klebereiweiß (Gluten):** Verwenden Sie glutenfreie Mehle, Mais oder Reis.
- **Gegen Zucker:** Verwenden Sie Zuckeraustauschstoffe wie Saccharin oder Birnendicksaft.
- **Gegen Hefe:** Verwenden Sie Sauerteig, Backferment oder Teige mit Backpulver.
- **Gegen Hühnereier:** Verwenden Sie Wachteleier oder vollfettes Sojamehl.
- **Gegen Milch:** Verwenden Sie Hafer-, Schafs-, Reismilch oder Wasser und Öl.

Die DZG (Deutsche Zöliakie Gesellschaft e.V., www.dzg-online.de) hat in Zusammenarbeit mit Mühlen verschiedene **Brotbackrezepte und backfähige Mehlmischungen** für den Brotbackautomaten entwickelt. Diese sind recht einfach in der Handhabung. Glutenfreie Mehle und Mehlmischungen finden Sie ebenfalls in Reformhäusern und Bioläden. Auch im Internet bieten sich verschiedene Hersteller an. Wenn Sie in eine Suchmaschine den Begriff „Mehle bei Zöliakie“ oder „glutenfreie Mehle“ eingeben, erhalten Sie viele Informationen.

Zuerst werden meistens die flüssigen Zutaten in die Backform gefüllt.

Erfolgstipps

Die wichtigsten Faktoren für den Erfolg des Brotbackens sind Qualität, Frische und Temperatur der Zutaten sowie das exakte Abwiegen.

Bei der Zubereitung

Benutzen Sie für Ihren ersten Versuch ein Rezept aus der Gebrauchsanweisung Ihres Brotbackautomaten oder eine Backmischung aus dem Handel. So können Sie sich am einfachsten mit der Bedienung des Gerätes vertraut machen.
Vergewissern Sie sich, dass der Knethaken richtig eingesetzt ist.
Alle Zutaten, die Sie in den Brotbackautomaten hineingeben, sollten Zimmertemperatur haben, also ca. 18 bis 23 °C. Flüssigkeiten wie Wasser, Vollmilch, Säfte usw. sollten ca. 30 °C warm sein.
Wiegen Sie sämtliche Zutaten sorgfältig ab. Ich wiege sogar das Wasser ab, da es viel genauer ist als ein Messbecher. Sie werden den Unterschied merken, wenn Sie einmal 250 ml abwiegen und dann messen.
Mischen Sie die trockenen Zutaten bevor sie in den Brotbackautomaten gegeben werden. Mit dieser „Vormischung“ haben sie die Gewährleistung, dass auch bei Programmen mit kurzer Knetzeit alles gut vermischt ist.
Achten Sie darauf, dass die Hefe nicht direkt mit Salz oder Zucker in Berührung kommt, da sie sonst sofort zu arbeiten beginnt. Falls Sie die Timer-Funktion verwenden, um Ihr Brot erst in 12 Stunden zu backen, wäre die Hefe bis dahin schon „verbraucht“. Geben Sie also in die Backform zuerst die Flüssigkeit, dann Salz und Zucker, Mehl und zuletzt die Hefe.
Nehmen Sie nach dem ersten Knetvorgang einen Teigschaber und kratzen Sie das Restmehl in den Ecken der Backform zusammen. So haben Sie hinterher kein Brot mit Mehlrändern.
Beobachten Sie beim Knetvorgang die Teigkonsistenz. Der Teig sollte weich sein, leicht kleben, aber keine Fäden ziehen. Es ergibt sich bei leichten, hellen Teigen eine Kugel. Bei schweren, dunklen Teigen wie Roggenvollkorn oder Körnerbrot ist der Teig eher „fließend“. Überprüfen Sie die Teigkonsistenz nach dem ersten Kneten. Falls er noch zu feucht und/oder weich ist, geben Sie esslöffelweise noch etwas Mehl hinzu. Ist der Teig hingegen zu trocken und/oder zu fest, geben Sie esslöffelweise noch etwas Wasser bzw. eine andere Flüssigkeit hinzu. Mit der Zeit bekommen Sie Routine und sehen sofort, ob der Teig noch zu weich oder zu fest ist.
Nehmen Sie nach dem letzten Knetgang den Knethaken heraus. So ersparen Sie sich das Loch im Brot. Streuen Sie dazu etwas Mehl in ihre Hände. Je nach Model des Brotbackautomaten können Sie im Display sehen, wann der Knetvorgang beendet ist oder Sie schauen in ihrer Gebrauchsanweisung wie die Zeiten des Knetvorgangs sind und richten sich nach der Uhr.

Für ein schönes Aussehen bestreichen Sie den Teig mit Hilfe eines Backpinsels mit Wasser, Speiseöl, Sahne oder Ei und bestreuen ihn mit Sesamsamen, Sonnenblumenkörnern, geriebenem Käse, gehackten Walnüssen.
Öffnen Sie den Deckel nicht mehr, wenn der Teig ruht (gärt), sonst könnte er zusammenfallen und das Brot wäre ungenießbar.

Nach dem letzten Knetgang sieht der Teig so aus. Nun können Sie noch letzte Zutaten wie Körnermischungen aufstreuen.

Nach dem Backen

Sollte Ihr Brot zu hell sein, können Sie es mit dem Programm „Backen" sofort nachbacken.
Nehmen Sie das fertig gebackene Brot gleich aus der Backform, sonst wird es feucht. Einige Brotbackautomaten besitzen eine Warmhaltefunktion von bis zu 1 Stunde. Dadurch wird vermieden, dass sich Kondenswasser bildet und das Brot matschig wird.
Sollten Sie den Knethaken nach dem letzen Knetgang nicht entfernt haben, drehen Sie den Brotbehälter um und drehen Sie ein paar Mal an der Antriebswelle. So fällt der Knethaken leichter heraus. Ist der Knethaken festgebacken, was bei schweren Teigen wie Vollkornteigen eher vorkommt als bei hellen Weißbrotteigen, leistet ein Knethakenentferner, den manche Hersteller mitliefern, gute Dienste. Sie können den Knethaken aber auch mit einem kleinen, scharfen Messer freischneiden und dann mit den Fingern entfernen.
Sie können das Brot nach dem Backen direkt mit kaltem Wasser oder Speiseöl bestreichen. Somit bekommt die Kruste einen stärkeren Glanz. Zum Bestreichen eignet sich ein Kuchenpinsel ganz ausgezeichnet.
Lassen Sie Ihr Brot richtig auskühlen, bevor Sie es anschneiden. Es schneidet sich dann besser.
Lassen Sie den Deckel des Brotbackautomaten nicht zu lange geöffnet. Sonst leiert das Scharnier aus und der Deckel lässt sich nicht mehr richtig schließen.

Alle Brotsorten eignen sich hervorragend zum Toasten, was immer ein besonderer Genuss ist.
Brot luftdicht, sauber und trocken in dafür vorgesehenen Brotgefäßen lagern. Der Kühlschrank ist nicht geeignet, da das Brot hier schnell austrocknet. Wenn Sie Brot länger aufbewahren wollen, frieren Sie es ein, ein bis drei Monate bleibt es so frisch. Bei Zimmertemperatur wieder auftauen lassen, und wenn Sie möchten, bei 200 °C im Backofen ca. 10 bis 15 Min. knusprig aufbacken.
Zum Reinigen ziehen Sie bitte den Netzstecker und lassen den Brotbackautomaten richtig auskühlen. Reinigen Sie die Backform mit Spülwasser und verwenden Sie keine Scheuermittel oder Metallbürsten. Damit würden Sie die Antihaftbeschichtung zerstören.
Bevor Sie zuviel gebackenes Brot wegwerfen müssen, schauen Sie sich meine Rezepte zu Brotgerichten, Aufläufen, Suppen, Salaten usw. an (ab S. 117), machen Sie Paniermehl oder verwerten Sie die Reste, indem Sie sie klein gemahlen in den nächsten Brotteig geben. Verwenden Sie nur trockenes, nie schimmeliges Brot dafür. Brotschimmel ist ungenießbar und muss sofort entsorgt werden.

Aus den **Grundteigen** (siehe Klappe), lassen sich ganz einfach eine Fülle verschiedener Brote backen. Zusätzlich habe ich Tipps verfasst, die Sie animieren sollen, auch eigene Kreationen zu entwickeln. Vertrauen Sie auf Ihr Geschmacksempfinden!
Die Rezeptmengen sind für 500 g- und 750 g-Brote angegeben. Die Mengenangaben sind größtenteils in Gramm (g) gehalten, ergänzt durch Milliliter (ml), Esslöffel (EL), Teelöffel (TL), Messerspitze (Msp.) und Prise (man greift mit Daumen und Zeigefinger in die Zutat)
Wiegen Sie sämtliche Zutaten sorgfältig ab und achten Sie darauf, dass diese Zimmertemperatur haben.

Mengenangaben in den Rezepten:
Salz: 1 ½ TL entspricht ca. 10 g.
Zucker: 1 ½ TL entspricht ca. 10 g.
Honig: Je nach Honigsorte erhalten Sie einen anderen Geschmack.
Hefe: Wenn im Rezept Trockenhefe angegeben ist (2 TL entsprechen ca. 10 g), können Sie diese auch durch ½ Würfel frische Hefe (21 g) ersetzen. Zum richtigen Umgang mit Hefe siehe S. 12).
Sauerteig: Gibt es in unterschiedlichen Formen zu kaufen. Als Starter, fertiger Sauerteig, flüssig, pastos und in Pulverform. Bei allen Rezepten verwende ich gebrauchsfertigen, flüssigen Bio-Natur-Sauerteig. Bitte beachten Sie bei Sauerteig immer die Angaben des Herstellers.

Die Rezepte für **Brotgerichte** sind in der Regel, wenn nicht anders angegeben, für 4 Personen ausgelegt.

Die Brot-Rezepte

Einfach und doch raffiniert: 4 simple Zutaten, Liebe zum Backen und Kreativität sind der Schlüssel zum Erfolg.

Helle Brote

Weißbrote passen hervorragend zum Frühstück, zu Salaten oder zu Wein und Käse.

Weißbrot

Programm „Weißbrot“
Für 500 g | Für 750 g

160 ml Wasser 240 ml
10 g (1EL) Sonnenblumenöl 15 g (1½ EL)
1 Ei (Größe M)
170 g Weizenmehl Type 550 250 g
130 g Weizenmehl Type 405 200 g
6,5 g Salz 10 g
6,5 g Zucker 10 g
¾ TL Trockenhefe 1 TL

Tipp

Croutons

Schneiden Sie Weißbrotscheiben in Würfel und rösten Sie diese in einer Pfanne mit Speiseöl. Diese Brotcroutons passen hervorragend zu grünen Salaten.

Landbrot

Programm „Normal“ oder „Weißbrot“
Für 500 g | Für 750 g

200 ml Wasser 300 ml
10 g (1EL) Essig 15 g (1 ½ EL)
290 g Weizenmehl Type 1050 430 g
30 g Roggenmehl Type 997 50 g
6,5 g Salz 10 g
1 TL Trockenhefe 1 ½ TL

Weizenbrot

Programm „Normal“ oder „Weißbrot“
Für 500 g | Für 750 g

220 ml Wasser 330 ml
10 g (1EL) Speiseöl 15 g (1 ½ EL)
200 g Weizenmehl Type 550 300 g
130 g Weizenmehl Type 812 200 g
6,5 g Salz 10 g
1 TL Trockenhefe 1 ½ TL

Grießbrot

Programm „Normal“ oder „Weißbrot“
Für 500 g | Für 750 g

210 ml Wasser 320 ml
20 g Sauerteig 30 g
330 g Weizenmehl Type 550 400 g
65 g Hartweizengrieß, fein 100 g
6,5 g Salz 10 g
1 TL Trockenhefe 1 ½ TL

» **Mein Tipp:** Fügen Sie dem Teig grob gehackte Datteln hinzu.

Landbrot mit leckerem Frischkäse ist ein frühlingsfrischer Snack.

Bauernbrot

Programm „Normal“ oder „Weißbrot“

Für 500 g | Für 750 g

210 ml Wasser 320 ml
15 g Butter 20 g
130 g Weizenmehl Type 550 200 g
200 g Weizenmehl Type1050 300 g
6,5 g Salz 10 g
1 TL Trockenhefe 1 ½ TL

Tipp: Brotdekoration

Streuen Sie etwas Weizenmehl nach dem letzten Knetgang auf die Teigoberfläche. So bekommt das Brot ein rustikales Aussehen.

Sonnenblumenkernbrot

Programm „Normal“ oder „Weißbrot“

Für 500 g | Für 750 g

200 ml Wasser 300 ml
10 g (1EL) Sonnenblumenöl 15 g (1 ½ EL)
230 g Weizenmehl Type 550 350 g
100 g Weizenmehl Type 1050 150 g
6,5 g Salz 10 g
6,5 g Zucker 10 g
¾ TL Trockenhefe 1 TL

Nach dem Signalton:

30 g Sonnenblumenkerne 40 g

» **Mein Tipp:** Rösten Sie die Sonnenblumenkerne in einer Pfanne an. So erhalten Sie ein intensiveres Aroma.

Nussbrot

Programm „Normal“ oder „Weißbrot“
Für 500 g | Für 750 g

210 ml Wasser 320 ml
330 g Weizenmehl Type 550 500 g
6,5 g Salz 10 g
1 TL Trockenhefe 1 ½ TL

Nach dem Signalton:
60 g grob gehackte Walnüsse 80 g

» **Mein Tipp:** Statt der Walnüsse Haselnüsse mit gehackten Mandeln mischen und nach dem Signalton zugeben.

Gewürzbrot

Programm „Normal“ oder „Weißbrot“
Für 500 g | Für 750 g

210 ml Wasser 320 ml
330 g Weizenmehl Type 812 500 g
6,5 g Salz 10 g
1 TL Trockenhefe 1 ½ TL
1 EL Brotgewürzmischung (Kümmel, Koriander, Kardamon, Anis, Fenchel) 1 ½ EL

» **Mein Tipp:** Lassen Sie sich von Ihren Vorlieben leiten und variieren Sie die Gewürze.

Das Nussbrot schmeckt hervorragend zu Käse und Wein.

Sesam-Anisbrot

Programm „Normal“ oder „Weißbrot“

Für 500 g | Für 750 g

210 ml Wasser 320 ml
330 g Weizenmehl Type 550 500 g
6,5 g Salz 10 g
¾ TL Trockenhefe 1 TL

Nach dem Signalton:

5 g gemahlener Sternanis 7,5 g
50 g Sesamsamen 75 g

» **Mein Tipp:** Besonders lecker als Aperitif sind knusprige Brotstangen aus diesem Teig!

Kartoffelbrot

Programm „Normal“ oder „Weißbrot“

Vorbereitung:

Kartoffel mit Schale kochen, abkühlen lassen und schälen.
Mit einer Gabel zerdrücken und nach dem Signalton zum Teig geben.

Für 500 g | Für 750 g

210 ml Wasser 320 ml
330 g Weizenmehl Type 1050 500 g
6,5 g Salz 10 g
3,5 g Zucker 5 g
1 TL Trockenhefe 1 ½ TL

Nach dem Signalton:

1 mittelgroße gekochte Kartoffel 1 große

» **Mein Tipp:** Sie können in Olivenöl angeschwitzte Zwiebelwürfel von einer kleinen Zwiebel dazu geben. Masse vor Zugabe erst auskühlen lassen.

Gerstenbrot

Programm „Normal“ oder „Weißbrot“

Für 500 g | Für 750 g

200 ml Wasser 300 ml
230 g Weizenmehl Type 550 350 g
100 g Gerstenschrot fein gemahlen 150 g
6,5 g Salz 10 g
1 TL Trockenhefe 1 ½ TL

Nach dem Signalton:

½ TL Brotgewürz (Fenchel, Anis, Koriander, Kümmel) 1 TL

Weizenkeimbrot

Programm „Normal“ oder „Weißbrot“

Für 500 g | Für 750 g

210 ml Wasser 320 ml
15 g(1 ½ EL) Sonnenblumenöl 20 g (2 EL)
330 g Weizenmehl Type 550 500 g
6,5 g Salz 10 g
6,5 g Zucker 10 g
¾ TL Trockenhefe 1 TL

Nach dem Signalton:

35 g geröstete Weizenkeime 50 g

Haferflockenbrot

Programm „Normal“ oder „Weißbrot“

Für 500 g | Für 750 g

230 ml Wasser 300 ml
10 g (1EL) Sonnenblumenöl 15 g (1 ½ EL)
300 g Weizenmehl Type 1050 450 g
6,5 g Salz 10 g
15 g Honig 20 g
¾ TL Trockenhefe 1 TL

Nach dem Signalton:
40g kernige Haferflocken 60 g

Das Auge isst mit

Tipp

Benässen Sie die Brotoberfläche nach dem letzten Kneten mit einem Küchenpinsel und streuen Sie Haferflocken auf. So bekommt Ihr Brot ein schönes Aussehen.

Das Haferflockenbrot ist ein mildes Brot, das zu süßen wie pikanten Aufstrichen passt.

Schmelzkäsebrot

Programm „Normal“ oder „Weißbrot“
Für 500 g | Für 750 g

150 ml Wasser 220 ml
50 g Schmelzkäse 80 g
300 g Weizenmehl Type 550 450 g
6,5 g Salz 10 g
1 TL Trockenhefe 1 ½ TL

» **Mein Tipp:** Verwenden Sie Kräuter- oder Knoblauchschmelzkäse. So erhält das Brot ein besonderes Aroma.

Safranbrot

Programm „Normal“ oder „Weißbrot“
Für 500 g | Für 750 g

190 ml Wasser 280 ml
10 g (1 EL) Speiseöl 15 g (1 ½ EL)
1 Ei (Größe M)
330 g Weizenmehl Type 550 500 g
6,5 g Salz 10 g
6,5 g Zucker 10 g
¾ TL Trockenhefe 1 TL

Nach dem Signalton:
1 Prise Safranfäden oder Safranpulver

Zitronenbrot

Programm „Normal“ oder „Weißbrot“
Für 500 g | Für 750 g

210 ml Wasser 320 ml
330 g Weizenmehl Type 550 500 g
6,5 g Salz 10 g
¾ TL Trockenhefe 1 TL

Nach dem Signalton:
abgeriebene Schale von
1 unbehandelten Zitrone
abgeriebene Schale von
1,5 unbehandelten Zitronen

» **Mein Tipp:** Backen Sie aus dem Teig kleine Brötchen und reichen Sie diese zu einer Schüssel Salat. Ein Hit auf jeder Gartenparty!

Tipp

Brot als Beilage

Safranbrot oder -brötchen sind ideale Begleiter zu Fischgerichten.

Zitronenbrot mit Räucherlachs – ein ganz besonderer Genuss.

Winzerbrot

Programm „Normal“ oder „Weißbrot“
Für 500 g | Für 750 g

90 ml Wasser 140 ml
90 ml trockener Weißwein 140 ml
10 g (1EL) Speiseöl 15 g (1 ½ EL)
230 g Weizenmehl Type 550 350 g
100 g Roggenvollkornmehl 150 g
6,5 g Salz 10 g
6,5 g Zucker 10 g
¾ TL Trockenhefe 1 TL
20 g Sauerteig 30 g

» **Mein Tipp:** Servieren Sie Käsewürfel (z. B. Gouda) mit Weintrauben zum Winzerbrot.

Bierbrot

Programm „Normal“ oder „Weißbrot“
Für 500 g | Für 750 g

210 ml Bier (Pils) 320 ml
330 g Weizenmehl Type 550 500 g
6,5 g Salz 10 g
¾ TL Trockenhefe 1 TL

» **Mein Tipp:** Je nach Biersorte erhält dieses Brot einen anderen Geschmack.

Paprikabrot

Programm „Normal“ oder „Weißbrot“
Für 500 g | Für 750 g

210 ml Wasser 320 ml
10 g Speiseöl 15 g
330 g Weizenmehl Type 550 500 g
6,5 g Salz 10 g
½ TL Paprikapulver 1 TL
½ TL Chillipulver 1 TL
1 TL Trockenhefe 1 ½ TL

Nach dem Signalton:
50 g getrocknete Paprika, fein gewürfelt 80 g

» **Mein Tipp:** Getrocknete Paprika mit getrockneten Tomaten mischen und nach dem Signalton dazugeben.

Olivenölbrot

Programm „Normal“ oder „Weißbrot“
Für 500 g | Für 750 g

200 ml Wasser 300 ml
15 ml (2 EL) natives Olivenöl 30 ml (4 EL)
330 g Weizenmehl Type 550 500 g
6,5 g Salz 10 g
1 TL Trockenhefe 1 ½ TL

» **Mein Tipp:** Ich ziehe mildfruchtige Olivenöle den kräftigen und etwas scharfen Olivenölen vor.

Oliven-Speck-Brot

Programm „Normal"

Vorbereitung:

› 200 g gewürfelten Frühstücksspeck in einer Pfanne knusprig anbraten.

› 200 g Oliven entsteinen (grüne und violette), mit Salbei abschmecken und untermischen.

› Abkühlen lassen und nach dem Signalton zum Brot geben.

Für 500 g		Für 750 g
170 ml	Wasser	250 ml
30 ml (3 EL)	Olivenöl	50 ml (4 EL)
260 g	Weizenmehl Type 550	400 g
60 g	Weizenmehl Type 1050	100 g
20 g	grober Gries	30 g
6,5 g	Salz	10 g
1 TL	Trockenhefe	1 ½ TL

Nach dem Signalton:

Olivenmischung beigeben

» **Mein Tipp:** Formen Sie aus dem Teig kleine Brötchen (ca. 30 g) und backen Sie diese im Ofen bei 200 Grad ca. 10 Min.

Oliven-Speck-Brot mit Butter oder einer Schüssel Salat – mehr braucht es nicht.

Toastbrot

Programm „Weißbrot"
Für 500 g | Für 750 g

200 ml Wasser 300 ml
30 g Butter 50 g
260 g Weizenmehl Type 405 400 g
70 g Weizenmehl Type 550 100 g
6,5 g Salz 10 g
6,5 g Zucker 10 g
1 TL Trockenhefe 1 ½ TL

» **Mein Tipp:** Auch andere Brotsorten eignen sich hervorragend zum Toasten. Bestrichen mit Butter und/oder einem Aufstrich wird es zum Genuss!

Knoblauchbrot

Programm „Normal" oder „Weißbrot"
Für 500 g | Für 750 g

200 ml Wasser 300 ml
25 ml (2 ½ EL) Knoblauchöl 40 ml (4 EL)
330 g Weizenmehl Type 550 500 g
6,5 g Knoblauchsalz 10 g
¾ TL Trockenhefe 1 TL

Nach dem Signalton:
1 TL frischer Knoblauch, gehackt 2 TL
1 TL geriebener Parmesan 1 ½ TL

» **Mein Tipp:** Formen Sie aus dem Teig Knoblauchstangen und backen Sie sie knusprig im Ofen fertig.

Kümmel-Käse-Brot

Programm „Normal" oder „Weißbrot"
Für 500 g | Für 750 g

210 ml Wasser 320 ml
330 g Weizenmehl Type 550 500 g
6,5 g Salz 10 g
¾ TL Trockenhefe 1 TL

Nach dem Signalton:
1 ½ TL Kümmelsamen 2 TL
1 TL gemahlener Kümmel 1 ½ TL
160 g grob geriebener Käse (Gruyère) 250 g

» **Mein Tipp:** Streuen Sie vor dem Backen ca. 25 g geriebenen Käse und 1 Prise gemahlenen Kümmel und Kümmelsamen auf den Teig.

Kümmel-Käse-Brot. Je nach Käsesorte erhalten Sie einen anderen Geschmack.

Ciabatta

Programm „Teig"
Für 500 g | Für 750 g

Vorteig:
70 ml Wasser 105 ml
140 g Weizenmehl Type 405 210 g
½ TL Trockenhefe ¾ TL
Vorteig 24 Std. stehen lassen.

Zum Vorteig dazu:
140 ml Wasser 210 ml
20 g (2EL) Avocadoöl 30 g (3EL)
200 g Weizenmehl Type 550 300 g
6,5 g Salz 10 g
½ TL Trockenhefe ¾ TL

Tipp

Stangenbrot

Backen Sie das Ciabatta im Ofen fertig. Dazu den Teig in drei gleich große Stücke teilen und auf ein gefettetes Backblech legen. Den Teig 30-40 Min. ruhen lassen. Backofen vorheizen, dann bei 220 °C ca. 18 - 20 Min. backen.

Rosmarinbrot

Programm „Normal" oder „Weißbrot"
Für 500 g | Für 750 g

200 ml Wasser 300 ml
25 ml (2 ½ EL) Olivenöl 40 ml (4 EL)
330 g Weizenmehl Type 550 500 g
6,5 g Salz 10 g
6,5 g Zucker 10 g
¾ TL Trockenhefe 1 TL

Nach dem Signalton:
20 g fein geschnittener Rosmarin 30 g

Chilibrot

Programm „Normal"
Für 500 g | Für 750 g

200 ml Wasser 300 ml
330 g Weizenmehl Type 550 500 g
6,5 g Salz 10 g
15 g Sambal Olek (Chilipaste) 20 g
1 Tropfen Tabasco (Pfeffersoße) 2 Tropfen
¾ TL Trockenhefe 1 TL

Nach dem Signalton:
1 TL Chilipulver 1 ½ TL
20 g getrocknete Tomaten 30 g
30 g gekochte Maiskörner 50 g
16 g getrocknete rote Peperoni, fein geschnitten 25 g

Thunfischbrot

Programm „Normal" oder „Weißbrot"
Für 500 g | Für 750 g

200 ml Wasser 300 ml
150 g Thunfisch aus der Dose mit Öl 220 g
20 g (2 EL) Olivenöl 30 g (3 EL)
15 g Butter 20 g
330 g Weizenmehl Type 550 500 g
6,5 g Salz 10 g
1 TL Trockenhefe 1 ½ TL

Nach dem Signalton:
25 g fein gehackte rote Zwiebeln 40 g

» **Mein Tipp:** Statt Thunfisch können Sie auch Sardellen verwenden.

Wenn Sie es scharf mögen, werden Sie das Chilibrot lieben.

Dunkle Brote

Diese Brote haben einen herzhaften, rustikalen, kräftigen und aromatischen Charakter. Die Brote werden überwiegend mit Hefe und Sauerteig hergestellt.

Roggenmischbrot

Programm „Normal"
Für 500 g | Für 750 g

160 ml Wasser 250 ml
10 g (1 EL) Speiseöl 15 g (1 ½ EL)
50 g Sauerteig 75 g
160 g Weizenmehl Type 550 250 g
130 g Roggenmehl Type 1150 200 g
6,5 g Salz 10 g
6,5 g Zucker 10 g
1 TL Trockenhefe 1 ½ TL

Lavendel-Honig-Brot

Programm „Normal"
Für 500 g | Für 750 g

230 ml Wasser 350 ml
200 g Weizenvollkornmehl 300 g
130 g Weizenmehl Type 550 200 g
20 g Blütenhonig 30 g
6,5 g Salz 10 g
¾ TL Trockenhefe 1 TL

Nach dem Signalton:
1 ½ TL Lavendelblüten (frisch oder getrocknet) 2 TL

» **Mein Tipp:** Je nach Honigsorte erhalten Sie einen anderen Geschmack.

Mehrkornbrot

Programm „Normal" oder „Vollkorn"
Für 500 g | Für 750 g

210 ml Wasser 320 ml
160 g Weizenmehl Type 1050 250 g
130 g Weizenvollkornmehl 200 g
6,5 g Salz 10 g
1 TL Trockenhefe 1 ½ TL

Nach dem Signalton:
60 g Mehrkorn-Körnermischung 100 g

» **Mein Tipp:** Mehrkornmischung können Sie fertig kaufen oder Sie mischen einzelne Körner- und Samensorten nach Ihrem Geschmack.

Dem Duft vom Lavendel-Honig-Brot kann keiner widerstehen.

Sesam-Leinsamen-Brot

Vorbereitung:
Sesamsaat und Leinsamen ca. 1 Stunde in 60 ml | 100 ml warmem Wasser einweichen.

Programm „Normal“
Für 500 g | Für 750 g

160 ml Wasser 250 ml
260 g Dinkelmehl Type 630 400 g
30 g Roggenmehl Type 997 50 g
1 TL Koriander gemahlen 1 ½ TL
6,5 g Salz 10 g
1 TL Trockenhefe 1 ½ TL

Nach dem Signalton:
50 g eingeweichte Sesam- und Leinsamen 80 g

Gesundheitstipp

Tipp

Sie können auch nur Leinsamen verwenden, denn Leinsamen fördert die Verdauung und unterstützt die Darmschleimhaut.

Walnuss-Dattel-Brot

Programm „Normal“
Für 500 g | Für 750 g

230 ml Wasser 350 ml
260 g Weizenmehl Type 550 400 g
60 g Roggenmehl Type 1150 100 g
6,5 g Salz 10 g
¾ TL Trockenhefe 1 TL
20 g Sauerteig 30 g

Nach dem Signalton:
80 g grob gehackte Walnüsse 120 g
70 g grob gehackte, getrocknete Datteln 100 g

Kaffeebrot

Programm „Normal“
Für 500 g | Für 750 g

230 ml Wasser 350 ml
20 g Butter 30 g
260 g Dinkelmehl Type 630 400 g
60 g Weizenvollkornmehl 100 g
1 EL lösliches Kaffeepulver (z. B. Espresso, Landkaffee) 1 ½ EL
20 g Akazienhonig 30 g
10 g ungezuckerter Kakao 15 g
6,5 g Salz 10 g
1 TL Trockenhefe 1 ½ TL

Walnuss-Dattel-Brot – Scheibe für Scheibe echt lecker.

Reisbrot

Programm „Normal“
Für 500 g | Für 750 g

200 ml Wasser 300 ml
200 g Dinkelvollkornmehl 300 g
100 g Weizenmehl Type 550 150 g
6,5 g Salz 10 g
5 g Zucker 7,5 g
1 TL Trockenhefe 1 ½ TL

Nach dem Signalton:
100 g gekochter, bissfester Reis (Naturreis) 150 g

» **Mein Tipp:** Reisbrot ist die ideale „Resteverwertung“, wenn Sie vom Mittagessen Reis übrig haben.

Fenchel-Körner-Brot

Programm „Normal“
Für 500 g | Für 750 g

230 ml Wasser 350 ml
10 g (1 EL) Sonnenblumenöl 15 g (1 ½ EL)
200 g Weizenmehl Type 1050 300 g
100 g Weizenvollkornmehl 150 g
6,5 g Salz 10 g
1 TL Trockenhefe 1 ½ TL

Nach dem Signalton:
25 g Sonnenblumenkerne 40 g
25 g Kürbiskerne 40 g
1 EL Fenchelsamen 2 EL

» **Mein Tipp:** Ersetzen Sie die Hälfte der Wassermenge durch abgekühlten Fencheltee.

Ziegenkäsebrot

Programm „Normal“

Für 500 g | Für 750 g

170 ml Wasser 260 ml
200 g Weizenmehl Type 550 300 g
60 g Roggenmehl Type 1150 100 g
6,5 g Salz 10 g
5 g Zucker 7,5 g
1 TL Trockenhefe 1 ½ TL

Nach dem Signalton:
100 g Ziegenfrischkäse 150 g
25 g geschnittener Schnittlauch 40 g
½ TL gemahlener Kümmel 1 TL

Holunderblütenbrot

Programm „Normal“

Für 500 g | Für 750 g

210 ml Wasser 320 ml
25 g Sauerteig 40 g
160 g Weizenmehl Type 550 250g
100 g Weizenmehl Type 1050 150 g
60 g Roggenmehl Type 1150 100 g
6,5 g Salz 10 g
1 ½ EL Holunderblütensirup 2 EL
1 TL Trockenhefe 1 ½ TL

Nach dem Signalton:
2 ½ EL getrocknete Holunderblüten 3 EL
½ TL abgeriebene Zitronenschale von einer unbehandelten Zitrone 1 TL

Bärlauchbrot

Programm „Normal“

Für 500 g | Für 750 g

230 ml Wasser 350 ml
200 g Weizenmehl Type 550 300 g
60 g Weizenvollkornmehl 100 g
60 g Roggenmehl Type 1150 100 g
6,5 g Salz 10 g
1 TL Trockenhefe 1 ½ TL

Nach dem Signalton:
50 g frischer Bärlauch, grob gehackt 80 g

Grünkernbrot

Programm „Normal“

Für 500 g | Für 750 g

200 g Wasser 300 g
1 EL Ahornsirup 1 ½ EL
25 g Sauerteig 40 g
200 g Weizenmehl Type 1150 200 g
60 g Roggenvollkornmehl 100 g
130 g Grünkernmehl 200 g
6,5 g Salz 10 g
1 TL Trockenhefe 1 ½ TL

Tipp

Fit in den Tag

Holunderblütenbrot ist ein ideales Frühstücksbrot. Es bringt Schwung für den Start in den Tag.

Senfbrot

Programm „Normal“
Für 500 g | Für 750 g

200 ml Wasser 300 ml
25 g Sauerteig 40 g
200 g Weizenmehl Type 550 300 g
60 g Weizenschrot 100 g
60 g Roggenschrot 100 g
6,5 g Salz 10 g
1 TL Trockenhefe 1 ½ TL

Nach dem Signalton:
15 g Senf 25 g
25 g Halbhartkäse (z. B. Tilsiter), fein gewürfelt 40 g

» **Mein Tipp:** Vor dem Backen mit Senf bestreichen und Sonnenblumenkerne aufstreuen.

Roggen-Kümmel-Brot

Programm „Normal“
Für 500 g | Für 750 g

200 ml Wasser 300 ml
50 g Sauerteig 75 g
200 g Roggenmehl Type 997 300 g
130 g Weizenmehl Type 550 200 g
6,5 g Salz 10 g
1 TL Trockenhefe 1 ½ TL

Nach dem Signalton:
2 TL Kümmelsamen 3 TL
½ TL gemahlener Kümmel 1 TL

Senfbrot – diesen Genuss sollten Sie sich nicht entgehen lassen.

Rotweinbrot

Programm „Normal“
Für 500 g | 750 g

100 g Rotwein 150 g
100 g Wasser 150 g
25 g Sauerteig 40 g
200 g Weizenmehl Type 550 300 g
60 g Roggenschrot 100 g
60 g Weizenschrot 100 g
6,5 g Salz 10 g
1 TL Trockenhefe 1 ½ TL

Buchweizenbrot

Programm „Teig“
Für 500 g | Für 750 g

130 ml heißes Wasser (50 °C) 200 ml
100 g Buchweizen 150 g
Teig zubereiten und mindestens 12 Std. stehen lassen.

Programm „Normal“
35 ml Wasser 50 ml
25 g Butter 35 g
160 g Weizenmehl Type 1050 250 g
60 g Roggenvollkornmehl 100 g
6,5 g Salz 10 g
6,5 g Zucker 10 g
1 TL Trockenhefe 1 ½ TL
25 g Sauerteig 40 g

Tipp

Überbackenes Brot

Belegen Sie Brotscheiben mit Sauerrahm, Speck, Schinken, Zwiebel und Käse und überbacken Sie diese im Ofen.

Dinkelmischbrot

Programm „Normal“
Für 500 g | Für 750 g

200 ml Wasser 300 ml
25 g Sauerteig 40 g
200 g Dinkelmehl Type 630 300 g
100 g Dinkelvollkornmehl 150 g
6,5 g Salz 10 g
1 TL Trockenhefe 1 ½ TL

Nach dem Signalton:
20 g Sesam 30 g
20 g Hirse 30 g

» **Mein Tipp:** Sie können die Sauerteig-Zugabe auch weglassen, dann wird das Brot milder im Geschmack.

Das Malzbier-Roggenbrot erhält durch Zugabe von Malzbier einen urtümlichen Geschmack.

Malzbier-Roggenbrot

Programm „Normal“ oder „Vollkorn“
Für 500 g | Für 750 g

200 ml Malzbier 300 ml
15 g (1 ½ EL) Speiseöl 20 g (2 EL)
35 g Sauerteig 50 g
160 g Roggenvollkornmehl 250 g
130 g Weizenvollkornmehl 200 g
6,5 g Salz 10 g
10 g Honig 15 g
1 TL Trockenhefe 1 ½ TL

Roggenschrotbrot

Programm „Normal“ oder „Vollkorn“
Für 500 g | Für 750 g

200 ml Wasser 300 ml
35 g Sauerteig 50 g
160 g Roggenschrot 250 g
130 g Weizenmehl Type 550 200 g
6,5 g Salz 10 g
5 g Zucker 7,5 g
1 TL Trockenhefe 1 ½ TL

Nach dem Signalton:
40 g Sonnenblumenkerne 60 g

» **Mein Tipp:** Roggenschrotbrot ist ein sehr rustikales Brot und daher ideal für herzhafte Gerichte.

Apfelwein-Brot

Programm „Normal“
Für 500 g | Für 750 g

100 ml Wasser 160 ml
100 ml trockener Apfelwein (Cidre) 160 ml
130 g Weizenmehl Type 550 200 g
120 g Weizenvollkornmehl 150 g
120 g Roggenmehl Type 997 150 g
6,5 g Salz 10 g
1 TL Trockenhefe 1 ½ TL

» **Mein Tipp:** Hierzu passt roher Schinken oder Käse hervorragend.

Sechsgetreidebrot

Programm „Normal“
Für 500 g | Für 750 g

200 ml heißes Wasser (50 °C) 300 ml
30 g Roggenvollkornmehl 50 g
30 g Weizenvollkornmehl 50 g
30 g Dinkelvollkornmehl 50 g
30 g Hafervollkornmehl 50 g
30 g Grünkernmehl 50 g
30 g Sojamehl 50 g
Teig zubereiten und mindestens 12 Std. stehen lassen.

Programm „Normal“
70 ml Wasser 100 ml
230 g Weizenmehl Type 1050 350 g
6,5 g Salz 10 g
6,5 g Zucker 10 g
1 TL Trockenhefe 1 ½ TL

Nach dem Signalton:
10 g (1 EL) Kümmelsamen 15 g (1 ½ EL)

Kräuterbrot

Programm „Normal“

Vorbereitung:
Kräuter waschen und klein schneiden.

Für 500 g | Für 750 g

210 ml Wasser 320 ml
25 g Sauerteig 40 g
200 g Weizenmehl Type 1050 300 g
120 g Weizenmehl, geschrotet 150 g
½ TL Koriander 1 TL
6,5 g Kräutersalz 10 g
1 TL Trockenhefe 1 ½ TL

Nach dem Signalton:
1 TL Petersilie 1 ½ TL
1 TL Schnittlauch 1 ½ TL
1 TL Gartenkresse 1 ½ TL

» **Mein Tipp:** Verwenden Sie frische Gartenkräuter nach Saison und Ihrem Geschmack.

Das Kräuterbrot passt ausgezeichnet zu Suppen und Salaten.

Gemüsebrot

Programm „Normal“
Für 500 g | Für 750 g

210 ml Wasser 320 ml
20 g (2 EL) Olivenöl 30 g (3 EL)
200 g Weizenmehl Type 1050 300 g
130 g Weizenvollkornmehl 200 g
6,5 g Salz 10 g
1 TL Trockenhefe 1 ½ TL

Nach dem Signalton:
50 g klein geschnittene Gemüsemischung 80 g

» **Mein Tipp:** Für die Gemüsemischung eignen sich Karotten, Lauch, Sellerie und Zucchini besonders gut.

Schinkenbrot mit frischem Stangensellerie – schmeckt auch lauwarm mit etwas Butter und Salz.

Hanfbrot

Programm „Normal“
Für 500 g | Für 750 g

230 ml Wasser 350 ml
200 g Weizenmehl Type 550 300 g
130g Dinkelvollkornmehl 200 g
6,5 g Salz 10 g
1 TL Trockenhefe 1 ½ TL

Nach dem Signalton:
50 g geröstete Hanfsamen 80 g

Schinkenbrot

Programm „Normal“
Für 500 g | Für 750 g

190 ml Wasser 290 ml
200 g Weizenmehl Type 550 300 g
100 g Roggenmehl Type 997 150 g
6,5 g Salz 10 g
6,5 g Zucker 10 g
1 TL Trockenhefe 1 ½ TL
25 g Sauerteig 40 g

Nach dem Signalton:
70 g gewürfelter Schinkenspeck 100 g
10 g (1 ½ EL) fein geschnittener Thymian 15 g (2 EL)

» **Mein Tipp:** Fügen Sie dem Teig in Rotwein gedünstete Zwiebelwürfel zu.

Gersten-Sauerteig-Brot

Programm „Normal“
Für 500 g | Für 750 g

230 ml Wasser 350 ml
140 g Weizenmehl Type 550 200 g
140 g Gerstenvollkornmehl 200 g
60 g Roggenmehl Typ 997 100 g
6,5 g Salz 10 g
6,5 g Bienenhonig 10 g
1 TL Trockenhefe 1 ½ TL
25 g Sauerteig 40 g
6,5 g gemahlener Fenchel 10 g

Peperonibrot

Programm „Normal“
Für 500 g | Für 750 g

210 ml Wasser 320 ml
20 g (2 EL) Olivenöl 30 g (3 EL)
200 g Weizenmehl Type 1050 300 g
130 g Weizenvollkornmehl 200 g
6,5 g Salz 10 g
1 TL Trockenhefe 1 ½ TL

Nach dem Signalton:
2 rote Peperoni, fein geschnitten 3
10 g getrocknete Petersilie 15 g

» **Mein Tipp:** Wenn Sie es besonders scharf mögen, geben Sie noch Chilipulver oder Tabasco (Pfeffersoße) zum Teig dazu.

Zucchinibrot

Programm „Normal“

Vorbereitung:
Zucchini grob reiben, mit 20 g Salz bestreuen, mindestens 15 Min. ziehen lassen.
Die Zucchini ausdrücken und das überschüssige Wasser abgießen.

Für 500 g | Für 750 g

200 ml Wasser 300 ml
10 g (1 EL)Essig 15 g (1 ½ EL)
130 g Weizenmehl Type 550 200 g
130 g Weizenvollkornmehl 200 g
30 g Roggenmehl Type 997 50 g
6,5 g Salz 10 g
6,5 g Honig 10 g
1 TL Trockenhefe 1 ½ TL

Nach dem Signalton:
100 g Zucchini 150 g

Frisch gebackenes, noch warmes Brot schmeckt am besten mit etwas Butter.

Vollkornbrote

Vollkornbrote bzw. ihre Mehle werden aus dem vollen Getreidekorn hergestellt.

Schrotvollkornbrot

Programm „Vollkorn"
Für 500 g | Für 750 g

225 ml Wasser 340 ml
35 g Sauerteig 50 g
120 g Roggen, grob geschrotet 150 g
120 g Weizen, grob geschrotet 150 g
60 g Weizenvollkornmehl 100 g
6,5 g Salz 10 g
10 g Honig 15 g
1 TL Trockenhefe 1 ½ TL

Vollkorn-Körnerbrot

Programm „Normal"
Für 500 g | Für 750 g

225 ml kochendes Wasser 335 ml
100 g Weizenkörner 150 g
in der Backform 6 Std. stehen lassen, danach
200 g Weizenvollkornmehl 300 g
60 g Roggenvollkornmehl 100 g
6,5 g Salz 10 g
1 TL Trockenhefe 1 ½ TL
25 g Sauerteig 40 g

Vollkorn-Mischbrot

Programm „Vollkorn"
Für 500 g | Für 750 g

225 ml Wasser 335 ml
25 g Sauerteig 40 g
100 g Roggenvollkornmehl 150 g
100 g Weizenvollkornmehl 150 g
75 g Haferkleie 110 g
6,5 g Salz 10 g
20 g Bienenhonig 30 g
½ TL Trockenhefe 1 TL

» **Mein Tipp:** Geben Sie noch 50 bis 70 g Sonnenblumenkerne oder Sesamsamen dazu.

Tipp

Herzhafte Variante

Wenn Sie es ganz körnig mögen, geben Sie noch 50 bis 70 g Körnermischung dazu. Die Beigabe von 1 TL gemahlenem Koriander macht das Brot würziger.

Durch Schrotzugabe erhält das Brot seinen typischen Charakter.

Tomatenvollkornbrot

Programm „Vollkorn"

Für 500 g | Für 750 g

100 ml Wasser 150 ml
100 ml Tomatensaft 150 ml
300 g Weizenvollkornmehl 450 g
6,5 g Salz 10 g
2 g Paprikapulver 2,5 g
¾ TL Trockenhefe 1 ½ TL
Nach dem Signalton:
50 g getrocknete Tomaten, grob gehackt 80 g

Tipp: Partybrot

Getrocknete Tomaten können Sie auch selbst herstellen (siehe S. 137).
Mit Pizzagewürz (Oregano, Basilikum) wird dieses Brot ein Partyrenner!

Tomatenvollkornbrot ist ein tolles Partybrot.

Vierkörner-Vollkornbrot, vollwertiger und leckerer geht es wohl kaum.

Vierkörner-Vollkornbrot

Programm „Vollkorn"
Für 500 g | Für 750 g

20 g Sonnenblumenkerne 30 g
20 g Leinsamen 30 g
20 g Sesam 30 g
20 g kernige Haferflocken 30 g
100 g heißes Wasser 150 g
in die Backform geben und
2 Std. stehen lassen,
dann
120 ml Wasser 180 ml
25 g Sauerteig 40 g
230 g Weizenvollkornmehl 350 g
60 g Roggenvollkornmehl 100 g
6,5 g Salz 10 g
1 TL Trockenhefe 1 ½ TL

Hafervollkornbrot

Programm „Vollkorn"
Für 500 g | Für 750 g

230 ml Wasser 350 ml
230 g Dinkelvollkornmehl 350g
30 g Hafermehl 50 g
6,5 g Salz 10 g
10 g Honig 15 g
1 TL Trockenhefe 1 ½ TL

Nach dem Signalton:
100 g kernige Haferflocken 150 g

Vollkorn-Nuss-Brot

Programm „Vollkorn

Für 500 g | Für 750 g

210 ml Wasser 320 ml
15 g (1 ½ EL) Walnussöl 20 g (2 EL)
300 g Dinkelvollkornmehl 500 g
6,5 g Salz 10 g
1 TL Trockenhefe 1 ½ TL

Nach dem Signalton:

25 g ungesalzene Erdnüsse 40 g
25 g gehackte Paranüsse 40 g

» **Mein Tipp:** Verwenden Sie statt Erd- und Paranüssen andere Nusssorten und mischen Sie diese nach Ihrem Geschmack.

Käse-Vollkornbrot

Programm „Vollkorn"

Für 500 g | Für 750 g

210 ml Wasser 320 ml
300 g Weizenvollkornmehl 450 g
10 g (1 EL) Sonnenblumenöl 15 g (1 ½ EL)
6,5 g Salz 10 g
1 TL Trockenhefe 1 ½ TL

Nach dem Signalton:

30 g grob gehackter Halbhartkäse (z. B. Edamer, Tilsiter) 50 g

» **Mein Tipp:** Streuen Sie vor dem Backen etwas geriebenen Käse auf die Brotoberfläche.

Sonnenblumen-Vollkornbrot ist ein Klassiker, der immer schmeckt.

Kleievollkornbrot

Programm „Vollkorn"

Für 500 g | Für 750 g

200 ml heißes Wasser 300 ml
30 g Leinsamen 50 g
30 g Kleie 50 g
in die Backform geben und mindestens 2 Std. stehen lassen, dann
35 g Sauerteig 50 g
150 g Dinkelvollkornmehl 225 g
100 g Roggenvollkornmehl 150 g
6,5 g Salz 10 g
10 g Blütenhonig 15 g
1 TL Trockenhefe 1 ½ TL

Sonnenblumen-Vollkornbrot

Programm „Vollkorn"

Für 500 g | Für 750 g

200 ml Wasser 300 ml
20 g (2 EL) Sonnenblumenöl 30 g (3 EL)
300 g Weizenvollkornmehl 450 g
6,5 g Salz 10 g
10 g Honig 15 g
1 TL Trockenhefe 1 ½ TL

Nach dem Signalton:

60 g in einer Pfanne geröstete Sonnenblumenkerne 90 g

» **Mein Tipp:** Streuen Sie Sonnenblumenkerne vor dem Backen auf den Teig.

Milchbrote

Brot und Milch zusammen sind im Speiseplan eine unschlagbare Nährstoffkombination.

Dinkel-Buttermilch-Brot

Programm „Normal"

Vorbereitung:
Sesamsaat und Leinsamen ca. 1 Std. in 50 ml warmem Wasser einweichen.

Für 500 g | Für 750 g

200 ml Buttermilch 300 ml
330 g Dinkelmehl Type 630 500 g
6,5 g Salz 10 g
½ TL Koriander gemahlen 1 TL
1 TL Trockenhefe 1 ½ TL

Nach dem Signalton:
50 g Sesam-Leinsamen-Mix 80 g

» **Mein Tipp:** Statt Leinsamen können Sie auch ganze Getreidekörner verwenden.

Weizenmischbrot

Programm „Normal"
Für 500 g | Für 750 g

75 ml Magermilch-Jogurt 100 ml
100 ml Wasser 200 ml
15 g Butter 20 g
160 g Weizenmehl Type 550 250 g
50 g Weizenmehl Type 1050 100 g
75 g Roggenmehl Type 997 100 g
6,5 g Salz 10 g
5 g Zucker 7,5 g
1 TL Trockenhefe 1 ½ TL

Tipp

Laktoseintoleranz

Sie können die Milchprodukte durch Wasser und laktosereduzierte Milchprodukte austauschen. Benutzen Sie zusätzlich Sauerteig als Lockerungsmittel, wenn für das entsprechende Brot Roggenmehl verwendet wird.

Leinsamenbrot

Programm „Normal"

Vorbereitung:
Leinsamen in 150 ml (500 g-Brot) bzw. 200 ml (750 g-Brot) heißem Wasser ca. 30 Min. einweichen.

Für 500 g | Für 750 g

60 g Vollmilch 100 g
150 g Weizenmehl Type 550 225 g
150 g Weizenmehl Type 1050 225 g
6,5 g Salz 10 g
1 TL Trockenhefe 1 ½ TL

Nach dem Signalton:
50 g eingeweichte Leinsamen 80 g

Weizenmischbrot mit Butter und Schinken – eine tolle Kombination!

Sesambrot

Programm „Normal“

Für 500 g | Für 750 g

100 ml Wasser 150 ml
100 ml Buttermilch 150 ml
20 g (2 EL) Sesamöl 30 g (3 EL)
160 g Weizenmehl Type 550 250 g
130 g Roggenmehl Type 1150 200 g
6,5 g Salz 10 g
5 g Zucker 7,5 g
1 TL Trockenhefe 1 ½ TL

Nach dem Signalton:

50 g Sesamsamen 80 g

Tipp

Verfeinerung

Rösten Sie die Sesamsamen mit etwas Sesamöl in einer Pfanne an.

Sesambrot: Sesam ist vermutlich eine der ältesten Ölpflanzen der Welt.

Hüttenkäsebrot

Programm „Normal"
Für 500 g | Für 750 g

100 ml Wasser 150 ml
60 ml Buttermilch 100 ml
60 g Hüttenkäsc 100 g
130 g Weizenmehl Type 1050 200 g
100 g Roggenmehl Type 997 150 g
60 g Maismehl 100 g
6,5 g Salz 10 g
1 TL Trockenhefe 1 ½ TL

Nach dem Signalton:
20 g grob gehackte Haselnüsse 30 g

» **Mein Tipp:** Ersetzten Sie die Haselnüsse durch 2 EL Kümmelsamen.

Molkebrot

Für 500 g | Für 750 g

200 ml Sauermolke 300 ml
25 g Sauerrahmbutter 40 g
220 g Weizenmehl Type 550 330 g
100 g Weizenmehl Type 405 150 g
6,5 g Salz 10 g
5 g Zucker 7,5 g
1 TI Trockenhefe 1 ½ TL

Quarkbrot

Programm „Normal"
Für 500 g | Für 750 g

100 ml Milch 150 ml
10 g (1 EL) Sonneblumenöl 15 g (1 ½ EL)
150 g Speisequark (40%) 200 g
300 g Weizenmehl Type 550 450 g
6,5 g Salz 10 g
5 g Zucker 7,5 g
1 TL Trockenhefe 1 ½ TL

Tipp

Kinder-Lieblingsbrot

Das Quarkbrot ist ein sehr mildes Brot und daher besonders für süße Aufstriche geeignet.

Jogurtbrot

Programm „Normal“

Für 500 g | Für 750 g

100 ml Wasser 150 ml
100 ml Naturjogurt 150 ml
160 g Weizenvollkornmehl 250g
130 g Weizenmehl Type 550 200 g
6,5 g Salz 10 g
5 g Zucker 7,5 g
1 TL Trockenhefe 1 ½ TL

Quark-Nuss-Brot

Programm „Normal“

Für 500 g | Für 750 g

130 g Wasser 200 g
60 ml Magerquark 100 ml
25 g (2 ½ EL) Walnussöl 40 g (4 EL)
300 g Weizenmehl Type 550 450 g
5 g Zucker 7,5 g
6,5 g Salz 10 g
1 TL Trockenhefe 1 ½ TL

Nach dem Signalton:
50 g klein gehackte Hasselnusskerne 80 g

» **Mein Tipp:** Anstelle von Haselnüssen können Sie auch Walnüsse, Erdnüsse oder Pinienkerne verwenden.

Buttermilchbrot

Programm „Normal“

Für 500 g | Für 750 g

130 ml Buttermilch 200 ml
100 ml Wasser 150 ml
330 g Weizenmehl Type 550 500 g
6,5 g Salz 10 g
1 TL Trockenhefe 1 ½ TL

Tipp

LeckerEi

Eine weitere leckere Variante dieses Brotes erhalten Sie, wenn Sie zwei grob gehackte, hart gekochte Eier unter den Teig mischen.

Mit etwas Butter und der Lieblingskonfitüre schmeckt das selbst gebackene Brot besonders lecker.

Tipp

Fladenbrot

Backen Sie aus diesem Teig ein Fladenbrot (ca. 15 Min. bei 220 °C im vorgeheizten Ofen). Rezepte für Fladenbrot-Varianten finden Sie auf den Seiten 108-110

Griechisches Bauernbrot

Programm „Normal"

Für 500 g | Für 750 g

160 ml Jogurt 250 ml
35 g (3 ½ EL) Olivenöl 50 ml (5 EL)
330 g Weizenmehl Type 550 500 g
6,5 g Salz 10 g
1 TL Trockenhefe 1 ½ TL

Nach dem Signalton:

1 frische Knoblauchzehe, fein gehackt
¾ TL Brotgewürz (Anis, Koriander, Kümmel, Fenchel) 1 TL

Käsebrot

Programm „Normal"
Für 500 g | Für 750 g

300 g Kefir 400 g
200 g Vollkorndinkelmehl 300 g
100 g Weizenmehl Type 550 150 g
6,5 g Salz 10 g
1 TL Trockenhefe 1 ½TL
1 Prise Paprikapulver

Nach dem Signalton:
40 g gewürfelter Gouda 60 g

» **Mein Tipp:** Sie können auch andere Käsesorten verwenden, z. B. Bergkäse oder Parmesan.

Griechisches Bauernbrot zu Zaziki oder mit Tomaten belegt – ein Traum!

Rosenblütenbrot

Programm „Normal"

Vorbereitung:
Die Rosenblüten waschen und mit Jogurt und Rosenblütenwasser mischen.

Für 500 g | Für 750 g

140 ml Wasser 210 ml
70 g Naturjogurt 100 g
3-4 Tropfen Rosenblütenwasser 5 Tropfen
35 g Rosenblüten 50 g
20 g (2 EL) Sauerteig 30 g (3 EL)
200 g Weizenmehl Type 550 300 g
130 g Weizenvollkornmehl 200 g
6,5 g Salz 10 g
15 g Blütenhonig 20 g
1 TL Trockenhefe 1 ½ TL

» **Mein Tipp:** Das Brot passt am besten zu Käse oder Rohkost.

Kürbiskernbrot

Programm „Normal"
Für 500 g | Für 750 g

60 ml Magermilch-Jogurt 100 ml
140 ml Wasser 200 ml
10 g (1EL) Kürbiskernöl 15 g (1 ½ EL)
300 g Weizenmehl Type 550 350 g
65 g Roggenmehl Type 997 100 g
1 TL Trockenhefe 1 ½ TL
6,5 g Salz 10 g
5 g Zucker 7,5 g

Nach dem Signalton:
35 g Kürbiskerne 50 g

Champignonbrot

Programm „Normal"

Vorbereitung:
Champignons in Scheiben schneiden, in Butter andünsten, würzen und mit Weißwein ablöschen, leicht einkochen lassen.

Für 500 g | Für 750 g

150 ml Buttermilch 200 ml
90 ml Wasser 140 ml
330 g Weizenmehl Type 550 500 g
6,5 g Salz 10 g
1 TL Trockenhefe 1 ½ TL

Nach dem Signalton:
70 g Champignons 100 g
15 g Butter 20 g
30 ml Weißwein 50 ml

Spargelbrot

Programm „Normal"
Für 500 g | Für 750 g

150 ml Buttermilch 220 ml
70 ml Wasser 110 ml
10 g (1 EL) Essig 15 g (1 ½ EL)
200 g Weizenmehl Type 550 300 g
100 g Roggenmehl Type 997 150 g
6,5 g Salz 10 g
1 TL Trockenhefe 1 ½ TL

Nach dem Signalton:
70 g grüner Spargel, roh, fein geschnitten 100 g
20 g geröstete Sesamsamen 30 g

» **Mein Tipp:** Belegen Sie die Brotscheiben mit gekochtem Schinken.

Schmandbrot

Programm „Normal" oder „Weißbrot"
Für 500 g | Für 750 g

150 ml Wasser 220 ml
60 ml Schmand 100 ml
300 g Weizenmehl Type 1050 450 g
6,5 g Salz 10 g
1 TL Trockenhefe 1 ½ TL
½ TL Koriander ¾ TL

Hirsebrot

Programm „Normal"

Vorbereitung:
Das kochende Wasser über die Hirse gießen und mischen. Abkühlen lassen.

Für 500 g | Für 750 g

80 ml Vollmilch 120 ml
20 g (2 EL) Sonnenblumenöl 30 g (3 EL)
300 g Weizenmehl Type 550 450 g
6,5 g Salz 10 g
5 g Zucker 7,5 g
1 TL Trockenhefe 1 ½ TL

Nach dem Signalton:
60 g Hirse (130 ml Wasser)
100 g Hirse (200 ml Wasser)

Champignonbrot ist mit in Weißwein angedünsteten Champignons eine besondere Köstlichkeit.

Weizenlandbrot

Programm „Weißbrot“

Für 500 g | Für 750 g

130 ml Wasser 200 ml
60 ml Buttermilch 100 ml
20 g Sauerteig 30 g
230 g Weizenmehl Type 1050 350 g
60 g Roggenvollkornmehl 100 g
6,5 g Salz 10 g
1 TL Trockenhefe 1 ½ TL

Dreikörnerbrot

Programm „Normal“

Für 500 g | Für 750 g

130 ml Buttermilch 200 ml
60 ml Wasser 100 ml
20 g (2 EL) Sauerteig 30 g (3 EL)
200 g Weizenmehl Type 550 300 g
130 g Roggenmehl Type 997 200 g
6,5 g Salz 10 g
6,5 g Honig 10 g
1 TL Trockenhefe 1 ½ TL

Nach dem Signalton:

25 g Sonnenblumenkerne 40 g
25 g Sesamsamen 40 g
25 g Kürbiskerne 40 g

Röstzwiebelbrot

Programm „Normal“

Für 500 g | Für 750 g

100 ml Wasser 150 ml
100 ml Buttermilch 150 ml
10 g (1EL) Olivenöl 15 g (1 ½ EL)
200 g Weizenmehl Type 1050 300 g
100 g Roggenmehl Type 997 150 g
6,5 g Salz 10 g
1 TL Trockenhefe 1 ½ TL

Nach dem Signalton:
65 g Röstzwiebel 100 g

Tipp

Variante mit Zwiebeln

Nehmen Sie frische Zwiebelwürfel und rösten Sie diese in 1 EL Olivenöl goldgelb. Zwiebeln vor der Zugabe in den Automaten auf Zimmertemperatur abkühlen lassen.

Röstzwiebelbrot ist ein herzhaftes Brot, das mit Wurst oder Käse lecker schmeckt.

Kichererbsenbrot

Programm „Normal“

Vorbereitung:
Die Kichererbsen 12 Std. im Wasser quellen lassen. Das überschüssige Wasser abschütten.

Für 500 g | Für 750 g

60 ml Wasser 100 ml
100 ml Naturjogurt 150 ml
20 g (2 EL) Sonnenblumenöl 30 g (3 EL)
160 g Weizenmehl Type 550 250g
130 g Weizenvollkornmehl 200 g
6,5 g Salz 10 g
5 g Zucker 7,5 g
5 g Currypulver 7,5 g
1 TL Trockenhefe 1 ½ TL

Nach dem Signalton:
50 g gequollene Kichererbsen 80 g

Gorgonzolabrot

Programm „Normal“

Für 500 g | Für 750 g

100 ml Wasser 150 ml
100 ml Vollmilch 150 ml
330 g Weizenmehl Type 1050 500 g
6,5 g Salz 10 g
1 TL Trockenhefe 1 ½ TL

Nach dem Signalton:
120 g Gorgonzola 150 g

» **Mein Tipp:** Geben Sie dem Teig noch Gewürze nach Geschmack hinzu. Bestreichen Sie dieses Brot mit Honig oder Erdbeerkonfitüre – es schmeckt köstlich!

Orangen-Schinkenbrot

Programm „Normal“

Für 500 g | Für 750 g

60 ml Wasser 100 ml
110 ml Buttermilch 190 ml
30 ml Orangensaft 45 ml
200 g Weizenmehl Type 550 300 g
100 g Roggenmehl Type 997 150 g
6,5 g Salz 10 g
10 g Orangenhonig 15 g
1 TL Trockenhefe 1 ½ TL

Nach dem Signalton:
100 g Schinkenwürfel 150 g

Tipp

Lust auf Schinken?

Variieren Sie dieses Rezept mit verschiedenen Schinkensorten. Nehmen Sie z. B. auch Speck, Bacon, Gyrosschinken, Nussschinken usw.

Rosinen-Nuss-Brot

Programm „Normal“

Vorbereitung:
Schalotten in Scheiben schneiden und mit grob gehackten Haselnüssen in einer Pfanne anrösten.

Für 500 g | Für 750 g

100 ml Wasser 150 ml
15 g (1 ½ EL) Speiseöl 20 g (2 EL)
130 g Speisequark 200 g
150 g Weizenmehl Type 550 225 g
150 g Weizenmehl Type 1050 225 g
6,5 g Salz 10 g
10 g Honig 15 g
1 TL Trockenhefe 1 ½ TL

Nach dem Signalton:
50 g Rosinen 80 g
50 g grob gehackte Haselnüsse 80 g
50 g Schalotten in Scheiben 80 g

Rosinen-Nuss-Brot ist eine perfekte Kombination und schmeckt besonders gut zu allen Käsesorten.

Brennnesselbrot

Programm „Normal“

Vorbereitung:
Brennnesseln blanchieren, im Eiswasser abschrecken, das überschüssige Wasser gut ausdrücken.
Die Brennnesseln mit Olivenöl und einer Prise Salz im Mixer zu einer Creme verarbeiten.

Für 500 g | Für 750 g

100 ml Wasser 150 ml
70 ml Buttermilch 100 ml
300 g Weizenmehl Type 1050 450 g
6,5 g Salz 10 g
1 TL Trockenhefe 1 ½ TL

Nach dem Signalton:
170 g Brennnesselcreme (140 g Brennnesseln, 30 g Olivenöl, 1 Prise Salz)
250 g Brennnesselcreme (200 g Brennnesseln, 50 g Olivenöl, 1 Prise Salz)

» **Mein Tipp:** Brennnesselbrot passt hervorragend zu Fischgerichten.

Mühlenbrot mit hochwertigen Getreide- und Körnersorten.

Schmalzbrot

Programm „Weißbrot“
Für 500 g | Für 750 g

130 ml Wasser 200 ml
30 ml saure Sahne 50 ml
30 g Schweineschmalz 50 g
20 g Sauerteig 30 g
230 g Weizenmehl Type 1050 350 g
60 g Roggenvollkornmehl 100 g
6,5 g Salz 10 g
1 TL Trockenhefe 1 ½ TL

Nach dem Signalton:
1 ½ EL Kümmelsamen 2 EL
50 g gewürfelter Speck 80 g

Mühlenbrot

Programm „Normal“ oder „Weißbrot“
Für 500 g | Für 750 g

50 ml Wasser 75 ml
120 ml Vollmilch 180 ml
50 g Magermilch-Jogurt 75 g
1 El Brandweinessig 1 ½ El
60 g Roggenmehl Type 997 100 g
30 g Roggenvollkornschrot 50 g
160 g Weizenmehl Type 405 250 g
60 g Dinkelvollkornmehl 100 g
6,5 g Salz 10 g
1 ½ EL Rübensirup 2 EL
1 TL Trockenhefe 1 ½ TL

Nach dem Signalton:
20 g Sesamsamen 30 g
20 g Leinsamen 30 g
30 g kernige Haferflocken 40 g

» **Mein Tipp:** Streuen Sie vor dem Backen 2 EL von der Körnermischung oder Roggenschrot auf den Teig.

Süße Brote

Süße Brote sind für das Frühstück, für die Kaffeetafel oder einfach zwischendurch eine echte Bereicherung.

Krokantbrot

Programm „Normal"
Für 500 g | Für 750 g

60 ml Vollmilch 100 ml
100 g Magerquark 150 g
30 ml (3 EL) Nussöl 50 ml (5 EL)
260 g Weizenmehl Type 550 400 g
5 g Salz 7,5 g
25 g Zucker 40 g
1 TL Trockenhefe 1 ½ TL

Nach dem Signalton:
60 g Krokant 100 g

» **Mein Tipp:** Bestreuen Sie den Teig nach dem Kneten mit 2 EL Krokant. Schoko- oder Nußaufstrich passt besonders gut zum Krokantbrot.

Amarettobrot

Programm „Normal"
Für 500 g | Für 750 g

150 ml Vollmilch 220 ml
50 ml Amaretto (Mandellikör) 75 ml
25 g Butter 40 g
330 g Weizenmehl Type 405 500 g
10 g Zucker 15 g
5 g Salz 7,5 g
1 TL Trockenhefe 1 ½ TL

Nach dem Signalton:
50 g Mandelblätter 75 g

Früchtebrot

Programm „Normal" oder „Weißbrot"

Vorbereitung:
50 g kandierte Kirschen, 50 g Zitronat und Orangeat, 100 g Sultaninen sowie 50 g Mandelblätter zusammen mischen.

Für 500 g | Für 750 g

160 ml Vollmilch 250 ml
15 g (1 ½ EL) brauner Rum 20 g (2 EL)
40 g Butter 60 g
1 Ei (Größe M | L)
330 g Weizenmehl Type 550 500 g
5 g Salz 7,5 g
30 g Zucker 40 g
1 TL Trockenhefe 1 ½ TL

Nach dem Signalton:
150 g klein geschnittene Trockenfrüchte 250 g

» **Mein Tipp:** Verwenden Sie Trockenfrüchte nach Ihrem Geschmack, z. B. Aprikosen, Pflaumen, Feigen usw.

Ein traditionelles Früchtebrot sollten Sie nicht nur zur Weihnachtszeit essen.

Erdnuss-Schoko-Brot

Programm „Normal"
Für 500 g | Für 750 g

100 ml Wasser 150 ml
60 ml Vollmilch 100 ml
200 g Weizenmehl Type 550 300 g
100 g Weizenmehl Type 405 150 g
30 g ungesalzene Erdnüsse, gemahlen 50 g
30 g Erdnussbutter 50 g
1 Ei (Größe L) 2 Eier (Größe M)
5 g Salz 7,5 g
20 g Zucker 30 g
1 TL Trockenhefe 1 ½ TL

Nach dem Signalton:
1 EL Kakao 1 ½ EL
30 g grob gehackte Schokolade (Vollmilch oder Zartbitter) 50 g
30 g ungesalzene Erdnüsse, grob gehackt 50 g

Ein köstliches Erdnuss-Schoko-Brot mit Honig – eine besondere Leckerei.

Schoko-Aprikosen-Brot

Programm „Normal“
Für 500 g | Für 750 g

160 ml Vollmilch 250 ml
300 g Weizenmehl Type 550 450 g
30 g Butter 50 g
3 EL Kakao 4 EL
5 g Salz 7,5 g
20 g Zucker 30 g
1 TL Trockenhefe 1 ½ TL

Nach dem Signalton:
80 g getrocknete Aprikosen, grob gehackt 120 g

Pflaumenbrot

Programm „Normal“
Für 500 g | Für 750 g

160 ml Vollmilch 250 ml
15 g Honig 20 g
15 g Butter 20 g
160 g Weizenvollkornmehl 250 g
130 g Weizenmehl Type 550 200 g
1 TL gemahlener Zimt 1 ½ TL
20 g Zucker 30 g
5 g Salz 7,5 g
1 TL Trockenhefe 1 ½ TL

Nach dem Signalton:
100 g grob gehackte Backpflaumen 150 g
60 g Mandelstifte 100 g

Müslibrot

Programm „Normal“
Für 500 g | Für 750 g

160 ml Wasser 270 ml
270 g Weizenmehl Type 550 400 g
5 g Salz 7,5 g
15 g Zucker 20 g
1 TL Trockenhefe 1 ½ TL

Nach dem Signalton:
100 g Früchtemüsli ohne Zucker 150 g

Tipp

Müslimix

Variieren Sie das Früchtemüsli, indem Sie Nüsse, verschiedene Trockenfrüchte und andere Flockenarten beimischen.

Marzipan-Aprikosen-Brot

Programm „Normal“
Für 500 g | 750 g

100 ml Vollmilch 150 ml
60 ml Wasser 100 ml
1 Ei 1
40 g Butter 60 g
330 g Weizenmehl Type 550 500 g
20 g Zucker 30 g
5 g Salz 7,5 g
1 TL Trockenhefe 1 ½ TL

Nach dem Signalton:
60 g Marzipanrohmasse 100 g
80 g getrocknete Aprikosen, grob gehackt 120 g

Bananenbrot

Programm „Normal"

Vorbereitung:
Zerdrücken Sie die Banane mit einer Gabel zu Mus.

Für 500 g | Für 750 g

130 ml Bananenmilch 200 ml
60 ml Wasser 100 ml
2 (20 g) Zwieback zerbröselt 3 (30 g)
50 g Banane, zerdrückt 75 g
15 g Honig 20 g
15 g Butter 20 g
230 g Weizenmehl Type 550 350 g
60 g Weizenmehl Type 405 100 g
5 g Salz 7,5 g
20 g Zucker 30 g
1 TL Trockenhefe 1 ½ TL

Tipp

Einfach selber machen

Bananenmilch können Sie zwar fertig kaufen, aber auch ganz leicht selbst herstellen. Dafür einfach 200 ml Vollmilch und 3 reife Bananen mit 1 EL Zucker oder Honig im Mixer verrühren.

Feigenbrot

Programm „Normal"
Für 500 g | Für 750 g

100 ml Wasser 150 ml
100 ml naturtrüber Apfelsaft 150 ml
300 g Weizenmehl Type 550 450 g
15 g Zucker 20 g
5 g Salz 7,5 g
1 TL Trockenhefe 1 ½ TL

Nach dem Signalton:
30 g frische Feigen, gewürfelt 50 g
15 g gehackte Pistazien 20 g

» **Mein Tipp:** Statt frischen Feigen können Sie auch getrocknete Feigen verwenden. Dieses Brot passt perfekt zu allen Käsesorten.

Kokosbrot mit Butter, Ananasgelee oder Schokocreme bestrichen ist ein karibischer Genuss.

Kokosbrot

Programm „Normal“ oder „Weißbrot“
Für 500 g | Für 750 g

65 ml Kokosmilch 100 ml
65 ml Vollmilch 100 ml
260 g Weizenmehl Type 405 400 g
30 g Dinkelvollkornmehl 50 g
30 g Butter 50 g
30 g Tannenhonig 50 g
1 Ei (Größe M | L)
6,5 g Zucker 10 g
5 g Salz 7,5 g
1 TL Trockenhefe 1 ½ TL

Nach dem Signalton:
65 g Kokosflocken 100 g

Orangen-Zitronen-Brot

Programm „Normal“ oder „Weißbrot“
Für 500 g | Für 750 g

100 ml Vollmilch 150 ml
60 ml Orangensaft 100 ml
330 g Weizenmehl Type 550 500 g
1 Ei (Größe L) 2 Eier (Größe M)
25 g Butter 40 g
5 g Salz 7,5 g
20 g Zucker 30 g
1 TL Trockenhefe 1 ½ TL

Nach dem Signalton:
30 g Orangat, klein gehackt 50 g
30 g Zitronat, klein gehackt 50 g
abgeriebene Schale von ½ unbehandelten Orange

Orange-Minze-Brot

Programm „Normal"

Vorbereitung:
1 Bund frische Minze mit 1 EL Grand Marnier in die Milch legen und erwärmen (nicht kochen).
Das Ganze ca. 10 Min. ziehen lassen.
Anschließend durch ein Sieb passieren.
2 große Orangen schälen, in Würfel schneiden, mit der Minz-Milch vermengen und nach dem Signalton zum Brot geben.

Für 500 g | Für 750 g

160 ml Vollmilch 250 ml
200 g Weizenmehl 550 300 g
130 g Weizenmehl 405 200 g
30 g Butter 45 g
1 Ei Größe M 2 Eier
5 g Salz 7,5 g
30 g Zucker 40 g
1 TL Trockenhefe 1 ½ TL

Nach dem Signalton:
Vorbereitete Orangenmasse beigeben

Frisch aufgeschnitten riecht selbst gebackenes Brot nicht nur gut, es ist auch eine Augenweide!

Butter-Hefe-Brot

Programm „Normal“ oder „Weißbrot“

Für 500 g | Für 750 g

150 ml Vollmilch 220 ml
40 g Butter 60 g
1 Ei (Größe L) 2 Eier (Größe M)
330 g Weizenmehl Type 405 500 g
5 g Salz 7,5 g
30 g Zucker 50 g
1 TL Trockenhefe 1 ½ TL
1 TL abgeriebene Schale von 1 unbehandelten Zitrone

» **Mein Tipp:** Bestreichen Sie den Teig nach dem Kneten mit Milch. So erhalten Sie eine dunklere Kruste.

Dattelbrot

Programm „Normal“

Für 500 g | Für 750 g

160 ml Vollmilch 250 ml
40 g Butter 60 g
2 Eier (Größe M | L)
330 g Weizenmehl Type 550 500 g
5 g Salz 7,5 g
30 g Zucker 40 g
10 g Honig 15 g
1 TL Trockenhefe 1 ½ TL

Nach dem Signalton:
80 g grob gehackte Datteln 120 g
50 g geraspelte Kokosflocken 75 g

Süßes Malzbierbrot

Programm „Normal“

Vorbereitung:
Getrocknete Pflaumen und Aprikosen grob schneiden

Für 500 g | Für 750 g

160 ml Malzbier 250 ml
30 ml Wasser 50 ml
1 EL Zuckerrübensirup 1 ½ EL
300 g Weizenmehl Type 550 450 g
5 g Salz 7,5 g
1 TL Trockenhefe 1 ½ TL

Nach dem Signalton:
30 g getrocknete Pflaumen, grob gehackt 50 g
30 g getrocknete Aprikosen, grob gehackt 50 g

Tipp

Süße Bruschetta

Brot in Scheiben schneiden, in einer Pfanne oder im Toaster anrösten, mit 1 EL Mascarpone oder Vanillepudding bestreichen, mit frischen Früchten je nach Saison belegen und sofort servieren.

Rosinenbrot

Programm „Normal“
Für 500 g | Für 750 g

160 ml Vollmilch 250 ml
330 g Weizenmehl Type 550 500 g
40 g Butter 60 g
1 Ei (Größe M | L)
5 g Salz 7,5 g
30 g Zucker 40 g
1 TL Trockenhefe 1 ½ TL

Nach dem Signalton:
60 g Rosinen 100 g

» **Mein Tipp:** Geben Sie noch zusätzlich 50 bis 80 g gestiftete Mandeln zum Teig.

Mandelbrot

Programm „Normal“
Für 500 g | Für 750 g

100 ml Buttermilch 150 ml
20 g Butter 30 g
130 ml Wasser 200 g
200 g Weizenmehl Type 405 350 g
100 g Dinkelvollkornmehl 150 g
6,5 g Salz 10 g
15 g Honig 20 g
1 TL Trockenhefe 1 ½ TL

Nach dem Signalton:
50 g gemahlene Mandeln 80 g
50 g Sultaninen 80 g

Apfelbrot

Programm „Normal“

Vorbereitung:
Äpfel schälen, entkernen und fein raspeln.
Mit Zucker und Rum oder Kirschwasser mischen und 12 Std. stehen lassen.

Für 500 g | Für 750 g

190 g Äpfel 375 g
80 g Zucker 125 g
½ EL Rum oder Kirschwasser 1 EL
160 g Weizenmehl Type 550 250 g
5 g Salz 7,5 g
½ EL Kakaopulver 1 EL
½ TL Lebkuchengewürz 1 TL
½ TL Backpulver 1 TL

Nach dem Signalton:
80 g Sultaninen 125 g
40 g ganze Mandeln 60 g

Tipp

Alkoholfrei

Für eine kindgerechte Variante verwenden Sie einfach Apfelsaft statt Rum oder Schnaps.

Rosinenbrot – einfach lecker bis zum letzten Krümel.

Glutenfreie Brote

Glutenfrei sind Getreidesorten, die kein Klebereiweiß enthalten. Um glutenfreie Brote zu backen, haben sich Fertigmehle bewährt. Diese sind in Bioläden, Reformhäusern, Mühlen und über das Internet erhältlich. Ist in den Rezepten Milch angegeben, kann diese durch Wasser oder Hafermilch ersetzt werden.

Maisbrot mit glutenfreiem Backferment

Programm „Vollkorn"
Für 500 g | Für 750 g

125 ml Wasser 190 ml
6 g glutenfreier Grundansatz 9 g
2,5 g glutenfreies Backferment 3,5 g
150 g Maismehl, fein 225 g
10 Min. mit „Teig" kneten, dann
150 ml Wasser (35 °C) 225 ml
350 g Maismehl, fein 525 g
6,5 g Salz 10 g
zugeben. 15 Std. ruhen. Dann erst „Start" drücken.

Glutenfreies Möhrenbrot

Programm „Normal"
Für 500 g | Für 750 g

190 ml Wasser 290 ml
15 g Butter 25 g
10 g (1 EL) Sonnenblumenöl 15 g (1 ½ EL)
250 g glutenfreie Mehlmischung 380 g
6,5 g Salz 10 g
10 g Zucker 15 g
1 TL Trockenhefe 1 ½ TL

Nach dem Signalton:
50 g geriebene Karotten 75 g

Glutenfreies Sultaninenbrot

Programm „Normal"
Für 500 g | Für 750 g

190 ml Vollmilch 290 ml
1 Ei (Größe M/L)
25 g Butter 40 g
1 EL brauner Rum 1 ½ EL
275 g glutenfreie Mehlmischung 410 g
5 g Salz 7,5 g
20 g Zucker 30 g
1 TL Trockenhefe 1 ½ TL

Nach dem Signalton:
60 g Sultaninen dazugeben 90 g

Glutenfreies Jogurtbrot

Programm „Normal“
Für 500 g | Für 750 g

175 ml Wasser 260 ml
75 g Naturjogurt 3,5% Fett 110 g
10 g (1 ½ EL) Sonnenblumenöl 15 g (2 EL)
10 g (1 EL) Apfelessig 15 g (1 ½ EL)
250 g glutenfreie Mehlmischung 375 g
6,5 g Salz 10 g
6,5 g Zucker 10 g
1 TL Zuckerrübensirup 1 ½ TL
1 TL Trockenhefe 1 ½ TL

Nach dem Signalton:
30 g Leinsamen 40 g

Glutenfreies Kartoffelbrot

Programm „Normal“
Für 500 g | Für 750 g

200 ml Wasser 300 ml
10 g (1 EL) Sonnenblumenöl 15 g (1 ½ EL)
200 g glutenfreie Mehlmischung 300 g
6,5 g Salz 10 g
6,5 g Zucker 10 g
1 TL Trockenhefe 1 ½ TL
100 g gekochte, pürierte Kartoffeln 150 g

Glutenfreies Kartoffelbrot ist ein sehr bekömmliches Brot. Es schmeckt mit süßen und herzhaften Aufstrichen.

Glutenfreies Buchweizenbrot

Programm „Normal“
Für 500 g | Für 750 g

135 ml Vollmilch 200 ml
70 g Speisequark 100 g
15 g (1 ½ EL) Sonnenblumenöl 20 g (2 EL)
1 Ei (Größe M | L)
200 g Buchweizenmehl 300 g
130 g Maismehl 200 g
6,5 g Salz 10 g
10 g Honig 15 g
1 TL Trockenhefe 1 ½ TL
½ TL Guarkern- oder Johannisbrotkernmehl 1 TL

Glutenfreies Mehrkornbrot

Programm „Normal“
Für 500 g | Für 750 g

125 ml Wasser 190 ml
100 ml Vollmilch 150 ml
10 g (1 EL) Speiseöl 15 g (1 ½ EL)
250 g glutenfreie Mehlmischung 375 g
6,5 g Salz 10 g
6,5 g Zucker 10 g
1 TL Trockenhefe 1 ½ TL
60 g Samen (Sesam, Leinsamen, Sonnenblumenkerne, Kürbiskerne gemischt) 100 g

Glutenfreies Buttermilchbrot

Programm „Normal“
Für 500 g | Für 750 g

120 ml Buttermilch 170 ml
120 ml Wasser 170 ml
110 g glutenfreies Sauerteigmehl 170 g
40 g Buchweizenmehl 60 g
100 g Kartoffelstärke 150 g
6,5 g Salz 10 g
1 TL Zuckerrübensirup 1 ½ TL
1 TL Trockenhefe 1 ½ TL

Glutenfreies Reisbrot

Programm „Normal“
Für 500 g | Für 750 g

175 ml Wasser 260 ml
75 g Naturjogurt 3,5% Fett 150 g
10 g (1 EL) Sonnenblumenöl 15 g (1 ½ EL)
10 g (1 EL) Apfelessig
15 g (1 ½ EL)
100 g Reismehl 150 g
150 g glutenfreie Mehlmischung 225 g
6,5 g Salz 10 g
6,5 g Zucker 10 g
1 TL Trockenhefe 1 ½ TL
½ TL Guarkern- oder Johannisbrotkernmehl 1 TL

Glutenfreier Zwieback

Vorbereitung/Backanweisung:
Eier, Eigelb und Zucker vermischen, im Warmwasserbad aufschlagen und kalt schlagen.
Diese Ei-Zuckermischung in den Automaten geben und alle anderen Zutaten beigeben.
Programm „Teig“ für ca. 5 Minuten starten, dann direkt auf Programm „Backen“ schalten.

Für 500 g | Für 750 g

4 Eier (Größe M) 6 Eier (Größe M)
6 Eigelb (Größe M) 9 Eigelb (Größe M)
100 g Zucker 150g
60 g Maismehl 100 g
60 g Maisstärke 100 g
1 Prise Vanillezucker
1 Prise Anis
1 Prise Salz
1 Spritzer Zitronensaft

Der Zwieback ist nach ca. 45 Min. fertig gebacken.
Der Zwieback ist nach ca. 60 Min. fertig gebacken.

Nach dem Backen im Brotbackautomaten:
Der gebackene Zwieback muss mindestens 1 Tag ruhen. Anschließend in Scheiben schneiden und im Backofen bei 120 °C ca. 20-25 Min. trocknen.
Den Zwieback in einem luftdichten Gefäß aufbewahren.

» **Mein Tipp:** Für glutenfreies Paniermehl einfach den Zwieback mit einer Reibe zermahlen.

Variationen aus Teig

Fantasievolles und Altbewährtes: Gaumenfreuden für jeden Anlass.

Süße und salzige Blechkuchen

Teige für Kuchen und Pizzas können Sie alle im Brotbackautomaten herstellen. Wählen Sie dazu das Programm „Teig" und holen Sie den Teig nach dem Kneten zur Weiterverarbeitung aus dem Automaten.

Grundrezept süßer Hefeteig

250 ml lauwarme Vollmilch
60 g Butter
1 Ei (Größe L)
500 g Weizenmehl Type 405
20 g frische Hefe
50 g Zucker
5 g Salz

- Füllen Sie die Zutaten in den Brotbackautomaten ein und wählen Sie das Programm „Teig" aus.
- Den Teig nach dem Kneten aus dem Automaten nehmen, zu einer Kugel formen und ca. 30-40 Min. abgedeckt mit einem Küchenhandtuch an einem warmen Ort ruhen lassen.
- Anschließend können Sie den Teig weiterverarbeiten, indem Sie ihn z. B. auf ein gefettetes Backblech ausrollen und mit Äpfeln, Pflaumen, Früchten oder herzhaften Zutaten belegen.
- Ihrer Fantasie sind keine Grenzen gesetzt: Aus diesem Teig lassen sich auch kleine Brötchen, Brezeln und Stückchen formen oder ein Hefezopf kann geflochten werden.
- Den Zopf vor dem Backen mit einem zerquirltem Ei bestreichen.
- Erneute Ruhezeit nicht vergessen (ca. 30 Min.).
- Im vorgeheizten Backofen bei 220 °C, je nach Größe, ca. 10-40 Min. backen.

Apfelkuchen mit Streusel und Rosinen nach Omas Art.

Grundrezept Quark-Öl-Teig

6 EL Speiseöl
75 g Zucker
300 g Weizenmehl Type 405
1 Päckchen Backpulver
1 Prise Salz

> Geben Sie Quark, Milch, Speiseöl und 1 Prise Salz in den Brotbackautomaten und starten Sie das Programm „Teig".
> Lassen Sie die Masse etwas verrühren und geben dann erst Mehl und Backpulver dazu.
> Den fertigen Teig aus dem Automaten nehmen, auf einer bemehlten Arbeitsfläche ca. 1 - 2 cm dick ausrollen und auf ein gefettetes Backblech legen.
> Mit den Zutaten, die Sie wünschen, z. B. Äpfel, Pflaumen oder anderen Früchte belegen.
> Den Kuchen können Sie sofort, ohne ihn gehen zu lassen, in den vorgeheizten Backofen schieben. Backzeit: 30 Min. bei 200°C

Aprikosenkuchen

Teig:
Eine Rezeptmenge Quark-Öl-Teig

Belag:
1 kg Aprikosen (frisch ode aus der Dose)

Guss:
6 Eier
500 ml Sauerrahm
10 EL Zucker

> Teig wie angegeben zubereiten und auf einem Backblech ausbreiten.
> Aprikosen mit der Wölbung nach oben auf den Teig legen.
> Eier mit Sauerrahm und Zucker verrühren und über die Früchte gießen.
> Kuchen im vorgeheizten Backofen bei 200 °C ca. 25-30 Min. backen.

Früchtevarianten

Tipp

Versuchen Sie statt Aprikosen auch andere Früchte wie Mandarinen oder Äpfel.

Grundrezept Vollkornhefeteig

250 ml lauwarme Vollmilch
250 g Weizenvollkornmehl (fein gemahlen)
5 g frische Hefe

> Füllen Sie diese Zutaten in den Brotbackautomaten und starten Sie mit Programm „Teig“. Lassen Sie alles gut verrühren und dann ca. 30 Min. ruhen. Nach dieser Zeit geben Sie folgende Zutaten hinzu:

80 g Honig
80 g Butter
8 g Salz
250 g Weizenvollkornmehl (fein gemahlen)
25 g frische Hefe

> Nachdem der Teig geknetet ist, nehmen Sie den Hefeteig aus dem Automaten, formen ihn zu einer Kugel und lassen ihn ca. 45 Min. abgedeckt mit einem Küchenhandtuch an einem warmen Ort ruhen.

> Anschließend können Sie den Teig zu herzhaften und süßen Blechkuchen oder Quiche, weiterverarbeiten oder Sie formen Brötchen, Hörnchen oder Brotstangen daraus.

Pizzateig

Ergibt 3 runde Pizzas
Programm „Teig“

Teig:
300 ml Wasser
50 g Olivenöl (5 EL)
400 g Weizenmehl Type 405
100 g Weizenmehl Type 550
10 g Salz
21 g frische Hefe

Belag:
Tomatensoße
Mozzarella
100 g geriebener Käse
Basilikumblätter

> Teig im Brotbackautomaten zubereiten und 1 Stunde ruhen lassen.

> Den Teig in 3 gleich große Stücke teilen, Kugeln daraus formen und nochmals ca. 15 Min. abgedeckt mit einem Küchenhandtuch an einem warmen Ort ruhen lassen.

> Die Teigstücke behutsam mit den Fingern zu runden Fladen drücken (ca. 20 cm Durchmesser). Mit Tomatensoße (siehe S. 137) oder Tomatenstücken (gewürzt mit Pizzagewürz oder Oregano), mit Mozzarella oder weiteren Zutaten nach Wahl belegen.

> Den Ofen auf 250 °C vorheizen und bei 240 °C ca. 15-20 Min. backen.

» **Mein Tipp:** Sie können die Pizza auch als Familienpizza auf einem großen Blech zubereiten.

Zucchinikuchen

Teig:
Eine halbe Rezeptmenge Vollkornhefeteig (S. 97)

Belag:
2 Zucchini
4 EL Olivenöl
4 EL geriebene Haselnüsse

Guss:
2 Eier
250 g Schmand
150 g geriebener Käse (z.B. Butterkäse)
Salz, Pfeffer
Für den Teigrand:
1 Eigelb
etwas Sahne

> Teig im Brotbackautomaten zubereiten und ca. 45 Min. ruhen lassen.
> Teig anschließend auf ein mit Öl bestrichenes Backblech ausrollen.
> Teigoberfläche mit Olivenöl bestreichen und geriebene Nüsse darauf verteilen.
> Zucchini waschen, in dünne Scheiben schneiden und auflegen.
> Schmand mit Ei und Reibekäse verrühren und mit Salz und Pfeffer abschmecken.
> Masse auf den Zucchini verteilen.
> 1 Ei trennen und Eigelb mit Sahne verrühren. Den Teigrand damit bestreichen und abgedeckt mit einem Küchenhandtuch an einem warmen Ort ca. 30 Min. ruhen lassen.
> Backofen auf 220 °C vorheizen und ca. 25-30 Min. backen.

Knusprig gefüllter Pizzafladen

Teig:
300 ml Wasser
500 g Mehl Type 405
21 g frische Hefe
1 Prise Salz
4 El Olivenöl

Belag:
8 EL Ketchup oder Tomatensauce
120 g Greyerzer (Hartkäse), in dünne Scheiben geschnitten
8 Scheiben Parmaschinken

> Teig im Brotbackautomaten herstellen und ca. 50 Min. ruhen lassen.
> Teig in 8 Stücke teilen und zu ca. 30 cm langen und 4 mm dünnen Fladen ausrollen.
> Vier Fladen (Böden) mit je 2 EL Ketchup bestreichen, 2 Scheiben Parmaschinken und Greyerzerscheiben belegen, mit den übrigen vier Fladen (Deckel) bedecken. Die Ränder gut andrücken, mit einem scharfen Messer die Teigoberfläche 3-4 mal einschneiden und zwei gefüllte Pizzafladen auf ein Backblech mit Backpapier legen.
> Backofen auf 220 Grad vorheizen und im Ofen auf der untersten Einschubleiste ohne weitere Ruhezeit ca. 12-15 Minuten goldbraun backen.
> Nach dem Backen sofort mit Olivenöl bestreichen, in Stücke schneiden und servieren. Mit den restlichen Pizzafladen genauso verfahren.

Zucchinikuchen aus Vollkornhefeteig und mit Käse-Schmand-Guss.

Brötchen

Herstellung der Brötchen

- Stellen Sie den Teig im Brotbackautomaten mit dem Programm „Teig“ her und lassen Sie ihn ca. 40-50 Min. ruhen.
- Wiegen Sie dann kleine, gleichmäßig große Teigstücke von ca. 40-50 g ab.
- Formen Sie kleine Bällchen oder längliche Brötchen. Achten Sie darauf, dass im Teig eine Spannung entsteht, indem Sie behutsam Druck ausüben. Sie können die Brötchen anschließend mit einem scharfen Messer längs, kreuzweise oder mehrfach einschneiden, mit Wasser benetzten und in Sesam, Körner, Mehl, Flocken etc. dippen. Verzieren Sie die Brötchen nach Ihren Ideen!
- Setzen Sie die geformten Brötchen auf ein gefettetes Backblech, bedecken Sie diese mit einem Küchenhandtuch und lassen sie die Brötchen etwa 20 Min. ruhen.
- Im vorgeheiztem Backofen werden die Brötchen dann bei 220 °C ca. 18-20 Min. gebacken.
- Damit die Brötchen schön glänzen, besprühen Sie die Ofenwände mit Wasser bevor Sie das Blech in den Ofen schieben.

Weizenbrötchen

Ergibt ca. 10 Brötchen
Programm „Teig“

150 ml Wasser
10 g Olivenöl
250 g Weizenmehl Type 550
10 g frische Hefe
5 g Salz

» **Mein Tipp:** Bestreichen Sie die Brötchen mit Wasser und streuen Sie Sonnenblumenkerne, Sesam, Mohn, Leinsamen, Haferflocken oder geriebenen Käse auf.

Vollkornbrötchen

Ergibt ca. 10 Brötchen
Programm „Teig“

200 ml Wasser
10 g Butter
250 g Weizenvollkornmehl
10 g frische Hefe
5 g Salz
5 g Honig

Mit solchen Sonntagsbrötchen fängt der Tag gut an!

Raffinierte Brotteigvariationen

Gefüllte Brotbällchen

Ergibt ca. 30 Brotbällchen
Programm „Teig“

Teig:
350 ml Wasser
450 g Weizenmehl Type 550
50 g Weizenmehl Type 405
20 g grober Grieß
10 g Salz
1 ½ TL Trockenhefe

Füllung: z. B.
Walnusskerne
Käsewürfel
Schinkenwürfel
Pesto
Olivenpaste
ganze Oliven, entsteint
Tomatenpaste
Kräuterbutter

> Teig im Brotbackautomaten herstellen und ca. 50 Min. ruhen lassen.
> Teig in 30 Stücke teilen (je ca. 30 g).
> Die Teigstückchen zu kleinen, runden Brötchen formen und auf ein gefettetes Backblech setzten, dann 15 Min. stehen lassen.
> Den Zeigefinger oder den Griff eines Holzlöffels mit Mehl bestauben und in die Mitte der Bällchen eine Mulde drücken.
> Etwas Füllung in die Bällchen stecken und mit einem Küchenhandtuch bedeckt ca. 40 Min. stehen lassen.
> Backofen auf 250 °C vorheizen.
> Ofenhitze auf 200 °C reduzieren, das Blech in den vorgeheizten Ofen schieben und etwas Wasser an die Ofenwände sprühen, für ca. 8-10 Min. backen.
> Damit die Brotbällchen schön glänzen, können Sie diese direkt nach dem Backen mit Wasser oder Olivenöl bestreichen und abkühlen lassen.

» **Mein Tipp:** Am besten schmecken die gefüllten Brotbällchen noch warm.

Brotbällchen mit Maismehl

Ergibt ca. 30 Brotbällchen
Programm „Teig“

300 ml Buttermilch
150 g Maismehl
350 g Weizenmehl Type 550
1 Ei (Größe M)
10 g Salz
5 g Zucker
1 ½ TL Trockenhefe

> Teig im Brotbackautomaten herstellen und weiterverarbeiten wie die „gefüllten Brotbällchen“ oben.

Gefüllte Brotbällchen mit individueller Füllung ganz nach Ihren Vorlieben.

Knabberstangen

Ergibt ca. 25 Stück
Programm „Teig“

175 ml Wasser
250 g Weizenmehl Type 550
6,5 g Salz
1 TL Trockenhefe

- Füllung je nach Belieben: Sesam, Kümmel, Kräuter, geriebener Käse, Parmesan, Paprika, Tomatenpaprika, Oliven, Nüsse usw.
- Den Teig im Brotbackautomaten herstellen und 30 Min. ruhen lassen,
- dann zu einem ca. 20 x 30 cm großen und etwa 1 cm dicken Rechteck ausrollen.
- Die Oberfläche gleichmäßig mit der Füllung bestreuen und behutsam in den Teig drücken.
- Ein Teigdrittel zur Mitte hin umschlagen und etwas andrücken.
- Die neu entstandene Oberfläche ebenfalls mit der Füllung betreuen.
- Das gegenüberliegende Teigdrittel zur Mitte hin falten und andrücken, je nach Geschmack erneut bestreuen.
- Mit einem scharfen Messer den Teig in ca. 1 cm breite Streifen schneiden.
- Jeden Streifen in sich drehen, dabei behutsam etwas in die Länge ziehen und auf ein gefettetes Backblech legen.
- Mit einem Küchenhandtuch bedeckt ca. 25 Min. stehen lassen.
- Backofen auf 250 °C vorheizen.
- Backofentemperatur auf 220 °C reduzieren, das Blech in den Ofen schieben, die Ofenwände mit Wasser besprühen und die Stangen in ca. 15-20 Min. fertig backen.

»

Meine Lieblingsfüllungen sind:

- 50 g geriebener Parmesan, 5 g Kräuter der Provence und 100 g grob gehackte Oliven
- Sesamsamen mit Chilipulver und 50 g geriebener Parmesan.
- 50 g geriebener Käse (Emmentaler), frisch gemahlener schwarzer Pfeffer und 50 g fein gewürfelter Schinken oder Bündner Fleisch.

Lassen Sie Ihren persönlichen Geschmack entscheiden!

Zwei Partyhits – Knabberstangen und Thunfisch-Grissini (im Glas; Rezept auf Seite 108)

Thunfisch-Grissini

Ergibt ca. 25 Stück
Programm „Teig“

Teig:
50 ml Wasser
250 g Weizenmehl Type 550
5 g Salz
5 g Zucker
1 TL Trockenhefe

Thunfischcreme:
110 g Thunfisch aus der Dose mit Öl
20 g fein gehackte Zwiebeln
15 g Ölivenöl
10 g Butter
50 g Wasser
1 Msp. Cayennepfeffer
1 Prise Salz
1 Ei zum Bestreichen

- Alle Zutaten für die Thunfischcreme mit dem Mixer zu einer feinen Creme mischen.
- Alle Zutaten inklusive Thunfischcreme in den Brotbackautomaten geben und das Programm „Teig“ starten.
- Den fertigen Teig ca. 30 Min. stehen lassen.
- In ca. 20 g große Stücke teilen und etwa 25 cm lange Stränge formen.
- Die Stränge auf ein gefettetes Backblech legen, mit Ei bestreichen und nochmals ca. 20 Min. abgedeckt mit einem Küchenhandtuch stehen lassen.
- Backofen auf 220°C vorheizen, die Ofenwände mit Wasser besprühen und ca. 10 Min. backen.
- Die Grissini im ausgeschalteten Ofen 20-30 min. trocknen lassen.

Tipp

Aufbewahrung

Grissini lassen sich gut in einer verschlossenen Dose lagern.

Zwiebelfladenbrot

Ergibt 2 kleine, runde Fladenbrote
Programm „Teig“

Teig:
300 ml Wasser
400 g Weizenmehl Type 550
6,5 g Salz
1 TL Trockenhefe

Nach dem Signalton:
50 g Macadamianüsse
80 g Röstzwiebeln

Belag:
20 g Sonnenblumenöl (2 EL)
Steinsalz zum Bestreuen

- Den Teig im Automaten zubereiten und ca. 1 Std. ruhen lassen.
- Teig halbieren und zwei Kugeln formen, die auf ein gefettetes Backblech gesetzt und mit Sonnenblumenöl bestrichen werden.
- Mit einem Küchenhandtuch bedeckt ca. 45 Min. stehen lassen.
- Backofen auf 220 °C vorheizen.
- Den Teig erneut mit Sonnenblumenöl bestreichen, behutsam flach drücken und mit den Fingerspitzen Vertiefungen eindrücken.
- Mit Steinsalz bestreuen und sofort in den Ofen schieben.
- Bei 220 °C in ca. 15-20 Min. goldbraun backen.
- Solange das Fladenbrot noch warm ist mit Sonnenblumenöl bestreichen.

» **Mein Tipp:** Falls sich der Fladen während des Backens aufblähen sollte, stechen Sie ihn mit einem Spieß ein.

Focaccia

Ergibt ein großes, rechteckiges Fladenbrot oder zwei runde.
Programm „Teig“

Teig:
320 ml Wasser
50 ml Olivenöl
450 g Weizenmehl Type 550
50 g Weizenmehl Type 405
10 g Salz
1 ½ TL Trockenhefe

Belag:
5 EL Olivenöl
Rosmarinzweige
Steinsalz zum Bestreuen

- Den Teig im Automaten zubereiten und ca. 1 Std. ruhen lassen.
- Teig auf ein gefettetes Backblech ausrollen bis er das gesamte Blech ausfüllt, und mit Olivenöl bestreichen.
- Mit einem Küchenhandtuch bedeckt ca. 30 Min. stehen lassen.
- Den Teig erneut andrücken und mit den Fingerspitzen Vertiefungen eindrücken, weitere 30 Min. gehen lassen.
- Backofen auf 250 °C vorheizen.
- Die Rosmarinnadeln abzupfen und mit dem Steinsalz den Fladen gleichmäßig bestreuen, dann sofort in den Ofen schieben.
- Die Temperatur auf 220 °C reduzieren und 25-30 Min. goldbraun ausbacken. Mit Olivenöl bestreichen, solange die Focaccia heiß ist.

» **Mein Tipp:** Geben Sie Oliven, Kapern, Peperoni oder Zutaten Ihrer Wahl dazu. Die Rosmarinzweige können Sie gegen getrockneten Thymian austauschen.

Focaccia ist ein italienisches Fladenbrot.

Gefülltes Fladenbrot

1 Fladenbrot (siehe „Zwiebelfladenbrot“ S. 108, jedoch ohne Zwiebeln und Macadamianüsse)

Füllung:

Meerrettich-Aufstrich (siehe S. 134)
250 g geräucherter Lachs, fein gewürfelt
250 g körniger Frischkäse (Hüttenkäse)
40 g Mayonnaise (siehe S. 138)
fein gehackter Dill
Zitronensaft
Salz, Pfeffer

> Das Fladenbrot waagerecht durchschneiden.
> Den Boden mit Meerrettichcreme bestreichen.
> Räucherlachs mit Frischkäse und Mayonnaise mischen, mit den anderen Zutaten abschmecken, auf dem Fladenbrot verteilen und den Deckel auflegen.
> Ca. 30 Min. kalt stellen.

Tipp

So schmeckts noch besser

Sollte die Masse zu trocken sein, geben Sie Sauerrahm oder Schmand hinzu. Nehmen Sie für die Füllung Ihre Lieblingszutaten!

Baguette

Ergibt 2-8 Baguettes
Programm „Teig“

350 ml Wasser
500 g Weizenmehl Type 550
10 g Salz
5 g Honig oder Zucker
20 g frische Hefe

> Den Teig im Automaten zubereiten und 1 Stunde ruhen lassen.
> Anschließend den Teig, je nach gewünschter Größe, in 2 bis 8 Stücke teilen.
> Formen Sie längliche Rollen.
> Legen Sie die Baguettes auf das Backblech. Die Oberfläche mit einem scharfen Messer oder einer Rasierklinge drei bis sechsmal schräg einschneiden und mit einem Küchenhandtuch für ca. 45 Min. ruhen lassen.
> Backofen auf 250 °C vorheizen.
> Bevor Sie das Blech in den Ofen schieben, besprühen Sie den Boden und die Wände des Ofens mit Wasser.
> Nach ca. 10-12 Min. sind die Baguettes goldbraun gebacken.

Kräuter-Knoblauch-Baguette

2 Baguettes
(16 Scheiben je 2 cm dick)
200 g Kräuter-Knoblauchbutter
(siehe S. 134)
60 g grob gehackter Knoblauch
10 g Salz
2 Stück Alufolie (40 x 45cm)

> Baguettebrot in Scheiben schneiden.
> Kräuterbutter schmelzen und mit Knoblauch mischen.
> Alle Baguettescheiben aufrecht nebeneinander auf die Alufolie setzen.
> Kräuterbutter mit einem Löffel über das Baguette verteilen, Alufolie komplett verschließen. Ca. 10 Min. bei 200 °C im Ofen lassen,
> dann Alufolie oben öffnen und bei Oberhitze noch mal ca. 5 Min. knusprig überbacken.

» **Mein Tipp:** Statt Kräuterbutter können Sie Zitronenbutter, Chilibutter etc. verwenden. Überbacken Sie das Baguette zusätzlich mit geriebenem Käse.

Dinkel-Fladen

Ergibt 8 Fladen
Programm „Teig“

Teig:
320 ml Wasser
250 g Dinkelmehl Type 630
250 g Weizenmehl Type 550
1 ½ TL Trockenhefe
10 g Zucker
10 g Salz

Belag:
2 Zwiebeln
1 Apfel
10 g Butter
6 EL Crème fraîche

> Teig im Brotbackautomaten herstellen und 40 Min. gehen lassen.
> Apfel vierteln, entkernen und in hauchdünne Spalten schneiden.
> Zwiebeln in feine Ringe schneiden, in Butter andünsten, Apfelscheiben dazu geben und auskühlen lassen.
> Den Teig in 8 Stücke teilen und behutsam mit den Fingern zu flachen Fladen ausbreiten.
> Mit Crème fraîche bestreichen, Apfel-Zwiebel-Mischung darauf verteilen.
> Den belegten Teig auf ein mit Backpapier ausgelegtes Backblech legen und mit einem Küchenhandtuch bedeckt ca. 30 Min. stehen lassen.
> Das Blech in den vorgeheizten Ofen schieben, Boden und die Wände des Ofens mit Wasser besprühen.
> Bei einer Backtemperatur von 220 °C 10-12 Min. backen.

Tipp

Flammkuchen

Bei dem Belag können Sie variieren, indem Sie z. B. Zwiebelringe und Speckwürfel als Belag nehmen und somit eine Art Flammkuchen herstellen. Anstatt Dinkelmehl können Sie ebenso Weizenmehl Type 550 verwenden.

Brot-Pita

Ergibt 3 Pitas
Programm „Teig“

Teig:
320 ml Wasser
50 ml Olivenöl
400 g Weizenmehl Type 550
100 g Weizenmehl Type 405
10 g Salz
1 ½ TL Trockenhefe

Belag:
100 g getrocknete Tomaten (siehe S.137)
10 Zehen karamellisierter Knoblauch (siehe S.137)
100 g frische Champignons in Viertel geschnitten
2 EL Sesamsamen
2 EL frisch geriebener Parmesan
etwas Olivenöl zum Bestreichen

- Den Teig im Automaten zubereiten und 1 Std. ruhen lassen.
- Den Teig zu einem ca. 40 x 30 cm großen Rechteck ausrollen.
- Getrocknete Tomaten, karamellisierte Knoblauchzehen, Champignonspalten, Sesamsamen und Parmesan auf dem Teig verteilen und sachte andrücken. Lassen Sie einen Rand von ca. 1 cm unbedeckt.
- Ein Teigdrittel von der schmalen Seite des Rechtecks aus zur Mitte hin umschlagen. Dann das gegenüberliegende Drittel darüber falten, sodass ein kleines Teigrechteck entsteht. Alles gut andrücken, vor allem die Ränder, damit die Füllung nicht herausquillt.
- Das Teigrechteck quer in 3 gleich große Stücke schneiden. Beim Mittelstück müssen Sie den Teig an einer offenen Seite zusammendrücken.
- Die Brottaschen an der offenen Seite mit der Füllung nach oben auf ein gefettetes Backblech setzen, sodass man die Füllung sehen kann. Mit einem Küchenhandtuch bedeckt ca. 40 Min. ruhen lassen.
- Backofen auf 250 °C vorheizen.
- Bevor Sie das Blech in den Ofen schieben, besprühen Sie den Boden und die Wände des Ofens mit Wasser.
- Die Temperatur auf 220 °C reduzieren und 20-25 Min. backen. Die Brotränder können Sie mit Olivenöl bestreichen solange sie noch warm sind.

» **Mein Tipp:** Die Brot-Pita können Sie beliebig mit ihren Lieblingszutaten füllen, ähnlich wie ein Pizzabelag. Klassische Beläge sind Gyros, Lammfleisch, Hummus oder Schafskäse.

Die Brot-Pita ist serviert als Beilage oder Snack – eine köstliche Bereicherung für jede Party.

Salatkugel

Ergibt ca. 10 Salatkugeln
Programm „Teig“

170 ml Wasser
250 g Weizenmehl Type 550
5 g Salz
½ TL Trockenhefe oder 5 g frische Hefe
gemischter Salat ihrer Wahl

- Teig im Automaten zubereiten und 20 Min. ruhen lassen.
- Backofen auf 250 °C vorheizen.
- Den Teig in 10 Stücke teilen (ca. 45 g). Die Teigstücke zu kleinen, runden Bällchen formen, mit einem Küchenhandtuch bedecken und 5-10 Min. ruhen lassen.
- Die Teigbällchen mit Mehl bestauben und ganz dünn zu runden Scheiben ausrollen (ca. 1-2 mm dünn!).
- Jeweils 2 Teigstücke auf ein leicht gefettetes oder mit Backpapier belegtes Backblech legen und sofort etwa 5-6 Min. backen. Der Teig sollte sich sehr rasch aufblähen und eine goldbraune Farbe annehmen.
- Zum Abkühlen auf ein Gitter setzen.
- Alle Teigstücke fertig backen.
- Vor dem Servieren wird die Unterseite der Salatkugel leicht mit Wasser benetzt, um die Kruste aufzuweichen. Dann können Sie ein Loch herausbrechen oder -schneiden, durch das Sie den Salat einfüllen.
- Richten Sie die Salatkugel umgedreht auf einem Teller an. Das Salatdressing fügen Sie später hinzu, da die Salatkugel sonst durchweicht würde. Am Tisch wird dann mit einem Löffel die Kruste aufgeschlagen, so dass der Salat heraus springt.

Tipp

Braucht etwas Übung

Wenn Sie die Brotkugeln zum ersten Mal backen, stellen Sie die doppelte Menge an Teig her. Erfahrungsgemäß ist etwas Ausschuss zu erwarten, bis Sie den Dreh heraus haben.
Die Reste der nicht aufgegangenen „Brotscherben“ können Sie prima zum Dippen servieren oder als Brotcroûtons verwenden.

Die Salatkugel ist sehr effektvoll und liefert das Brot zum Salat gleich mit.

Brotsuppen

Essbare Suppenteller

Jede Brotsorte, am besten rund gebacken, können Sie aushöhlen und mit Suppe (z. B. Käsesuppe, Gulaschsuppe) befüllen. Dazu den Deckel abschneiden, aushöhlen und im Ofen ca. 10 Min. bei 180 °C erwärmen. Suppe einfüllen und servieren. Die übrig gebliebene Brotkrume (das Brotinnere) können Sie perfekt für einen Brotauflauf oder für eine Brotsuppe verwenden. Diese Suppenschalen haben den Vorteil, dass keine Reste bleiben.

Programm „Teig"
Ergibt 8 Schalen

320 ml Wasser
300 g Weizenmehl Type 550
200 g Weizenmehl Type 405
10 g Salz
1 ½ TL Trockenhefe

> Die Außenseite von 8 feuerfesten Steingutschalen (Suppen- oder Müslischalen, ca. 12 cm Durchmesser) mit Speiseöl bestreichen.
> Den Teig zubereiten und 30 Min. gehen lassen, in 8 große Stücke aufteilen, zu Kreisen ausrollen, und über die umgedrehten Schalen legen, dabei behutsam andrücken, damit er fest anliegt.
> Bei 200 °C die umgedrehten Schalen ca. 20-25 Min. backen.
> Einige Min. abkühlen lassen, dann mit einem Messer das Brot vorsichtig von den Schalen lösen und abnehmen. Auf einem Gitter auskühlen lassen.

Tipp

Auf Vorrat herstellen

Die Suppenschüsseln sind auch für Kaltschalen geeignet. Sie lassen sich auch gut auf Vorrat herstellen und eignen sich zum Einfrieren.

Eine schönere Präsentation Ihrer Suppe in essbaren Suppentellern gibt es nicht!

Brotsuppe mit Speck

200 g Brot (nach Wahl) in Würfel geschnitten
2 l Fleischbouillon (Brühe)
200 g Sahne
2 EL saure Sahne
1 gehackte Zwiebel
50 g durchwachsener Speck, in Würfel geschnitten
1 TL Kümmel
je 1 Prise Salz, Pfeffer, Muskat
100 g Fleischkäse (Leberkäse) gewürfelt

> Speck, Zwiebel und Brot in einer Pfanne anrösten. Kümmel dazu geben, mit Fleischbrühe ablöschen und ca. 30 Min. bei kleiner Hitze kochen lassen.
> Mit dem Mixer oder Schneebesen verquirlen, Sahne dazu geben, würzen, abschmecken und noch einmal aufkochen lassen.
> Den gewürfelten Fleischkäse beigeben und genießen.

Tipp

Suppenvarianten

Die Fleischbouillon können Sie jederzeit austauschen und die Einlagen anpassen, z. B. Fischbouillon mit Lachs und Dill, Gemüsebouillon mit Lauchstreifen oder Hühnerbouillon mit Hühnerbrust.

Käsesuppe

100 g Brot (Nussbrot, Walnussbrot)
250 g Hackfleisch (Schwein/Rind gemischt)
600 ml Fleischbrühe
20 g Speiseöl
1 Stange Porree
1 ½ Becher (300 g) Schmelzkäse Sahne
1 ½ Becher (300 g) Schmelzkäse Kräuter
Salz, Pfeffer, Kräuter der Saison

> Hackfleisch in Speiseöl anbraten.
> Porree klein schneiden, abbrausen und abtropfen lassen, zum Hackfleisch geben und kurz mit andünsten.
> Die Masse mit Fleischbrühe ablöschen.
> Schmelzkäse unterheben und unter ständigem Rühren aufkochen lassen bis der Käse vollständig geschmolzen ist. Mit Salz und Pfeffer abschmecken.
> Nussbrot in Würfel (1 x 1 cm) schneiden und in Olivenöl anrösten.
> Brotwürfel auf die Käsesuppe geben und servieren.

Brotaufläufe

Brot-Käse-Auflauf

150 g Brotscheiben (nach Wahl)
100 g Weißwein (trocken)
250 g Käsescheiben (Hartkäse, z. B. Emmentaler)

Guss:
150 g Sahne
200 g Vollmilch
4 Eigelb (Größe M)
4 Eiweiß (Größe M)
Pfeffer, Muskatnuss, frisch gemahlen
1 Prise Salz

> Brotscheiben toasten oder im Ofen auf einem Blech rösten.
> Mit Weißwein beträufeln.
> Eine feuerfeste Form mit Butter ausstreichen. Brot und Käsescheiben abwechselnd einschichten, dabei leicht schräg anrichten.
> Sahne, Milch, Eigelb, Pfeffer und Muskat verrühren. Eiweiß mit 1 Prise Salz steif schlagen (nicht ganz fest) und unter den Guss heben.
> Den Guss über die Brot-Käse-Schichten verteilen und den Auflauf im vorgeheizten Backofen bei 180 °C ca. 20 Min. backen.

» **Mein Tipp:** Legen Sie zwischen die Brot-Käse-Schichten zusätzlich Birnenspalten.

Tomaten-Brotauflauf

150 g (ca. 4 Stück) altbackene Brötchen (oder Baguette)
80 g Schinkenwürfel
150 g Tomatenscheiben, gewürzt
90 g Raclettekäse gewürfelt
5 g Basilikum
1 Knoblauchzehe gehackt
40 g Olivenöl

Guss:
60 g Sahne
100 g Tomatenmark
300 g Vollmilch
2 Eier (Größe M)
2 Eigelb (Größe M)
Salz, Pfeffer, Oregano

> Eine feuerfeste Form mit Butter ausstreichen.
> Brötchen in ½ cm dicke Scheiben schneiden. Die Hälfte der Brötchenscheiben schichtweise in die Form legen.
> Tomatenscheiben, Knoblauch, Basilikum, Schinkenwürfel und Raclettekäsewürfel darüber verteilen.
Mit den restlichen Brötchenscheiben abdecken und mit Olivenöl bestreichen.
> Alle Zutaten für den Guss mischen und in die Form gießen, anschließend im vorgeheizten Backofen bei 180 °C ca. 40 Min. backen.

Italienischer Brotauflauf

100 g Brotwürfel
100 g Speckwürfel
100 g Schinkenwürfel
100 g Mozzarellawürfel
400 g Tomatenscheiben
20 g geriebener Parmesan
Knoblauchsalz, italienische Gewürzmischung
frisches Basilikum

Guss:
400 g fertige Bechamelsoße
100 g geriebener Parmesan

> Backofen auf 220 °C vorheizen.
> Eine feuerfeste Form mit Olivenöl ausstreichen.
> Tomatenscheiben gut würzen, die Hälfte davon in die Form einlegen. Brot-, Speck-, Schinken- und Mozzarellawürfel mischen und auf den Tomaten verteilen, mit den restlichen Tomatenscheiben abdecken.
> Bechamelsoße mit 80 g Parmesan mischen und in die Form gießen.
> Zum Schluss den restlichen Parmesan aufstreuen.
> Die gefüllte Form mit Alufolie abdecken und ca. 35 Min. backen. Alufolie entfernen und weitere 15 Min. überbacken.
> Vor dem Servieren Basilikumblätter auflegen.

Dieser Italienischer Brotauflauf schmeckt nach Sommer, Sonne und Süden.

Apfelauflauf

150 g (ca. 4 Stück) altbackene Brötchen (oder Baguette)
250 g (ca. 3) Äpfel in feine Scheiben geschnitten
50 g Mandeln, fein gehackt
20 g Vanillezucker
40 g Butter
100 g Sultaninen

Guss:
500 g Vollmilch
4 Eier (Größe M)
50 g Zucker
abgeriebene Schale von einer ½ unbehandelten Zitrone

> Eine feuerfeste Form mit Butter ausstreichen.
> Brötchen in ½ cm dicke Scheiben schneiden.
> Die Hälfte der Brötchenscheiben schichtweise in die Form legen. Apfelscheiben auflegen, Mandeln und die Hälfte der Sultaninen mit Vanillezucker aufstreuen. Butterstückchen darauf verteilen. Mit den restlichen Brötchenscheiben abdecken und Sultaninen aufstreuen.
> Für den Guss alle Zutaten mischen und in die Form gießen
> Bei 180 °C m vorgeheizten Backofen ca. 30 Min. backen.

» **Mein Tipp:** Dazu passt hervorragend eine Vanillesoße und als Getränk ein Glas Apfelsaft.

Kirschen-Brotauflauf

150 g (ca. 4 Stück) altbackene Brötchen (oder Baguette) in 1 cm große Würfel geschnitten
450 g Kirschen entsteint
90 g Vollmilch
90 g Butter
100 g Zucker
1 P. Vanillezucker (Bourbon-Vanille)
1 TL gemahlener Zimt
3 Eigelb (Größe M)
3 Eiweiß (Größe M)
½ EL Kirschwasser
40 g gehackte Mandeln
1 Prise Salz
Paniermehl (Semmelbrösel)
Puderzucker

> Backofen auf 180 °C vorheizen.
> Gewürfelte Brötchen ca. 15 Min. in Milch einweichen.
> Butter, Zucker, Vanillezucker und Zimt schaumig rühren.
> Eigelb, Mandeln und Brötchen mit Milch beigeben.
> Eiweiß mit Kirschwasser und 1 Prise Salz steif schlagen und unter die Masse ziehen.
> Die Kirschen vorsichtig unterheben.
> Eine feuerfeste Form mit Butter ausstreichen und mit Paniermehl ausstreuen.
> Masse einfüllen und im vorgeheizten Backofen bei 180 °C ca. 50 Min. backen.
> Nach dem Backen mit Puderzucker bestreuen. Dazu passt hervorragend ein Vanillepudding.

» **Mein Tipp:** Wenn Sie das Gericht für Kinder herstellen, lassen Sie das Kirschwasser weg. Sie können es durch Kirschsirup ersetzen.

Der Schoko-Brot-Pudding ist ein Traumdessert.

Schoko-Brot-Pudding

250 g (ca. 12 Scheiben) altbackenes Toastbrot, ohne Rinde, diagonal geviertelt
150 g Schokolade (Zartbitter oder Vollmilch), grob gehackt
450 g Sahne
40 g brauner Rum
120 g Zucker
80 g Butter
3 Eier (Größe M)
gemahlener Zimt

- Eine feuerfeste Auflaufform mit Butter ausstreichen.
- Gehackte Schokolade, Sahne, Butter, Rum, Zucker und Zimt mischen und im Wasserbad erwärmen.
- Eier gut verrühren und in die Mischung hinzugeben.
- Die Hälfte des Schokoladengusses in die Form gießen und die Toastbrot-Dreiecke schichtweise einlegen.
- Mit dem restlichen Guss auffüllen.
- Mit Folie abdecken und im Kühlschrank ca. 24 Std. ziehen lassen.
- Backofen auf 180 °C vorheizen und für ca. 50 Min. backen.
- Mit Schlagsahne oder Vanillesoße servieren.

» **Mein Tipp:** Legen Sie zwischen die Brot-Schoko-Schichten zusätzlich Bananenstücke oder andere Früchte.

Brotdesserts

Sommer-Beeren-Brot

200 g (ca. 8) Scheiben altbackenes Toastbrot, ohne Rinde
600 g gemischte Beeren (Johannisbeeren, Himbeeren, Erdbeeren, Brombeeren, Kirschen)
100 g Zucker
3 EL Crème de Cassis (Likör von schwarzen Johannisbeeren)

> Eine Puddingschüssel mit Klarsichtfolie auslegen, mit den Toastscheiben den Boden und die Seiten vollständig bedecken, sodass keine Lücken bleiben.
> Ein paar Scheiben Toastbrot zur Seite legen für den Deckel.
> Die Früchte in einem Topf mit dem Zucker mischen, erhitzen und einige Min. köcheln lassen bis sich der Zucker gelöst hat. 5 EL Saft abnehmen.
> Die restliche Masse in die vorbereitete Puddingschüssel einfüllen und mit den restlichen Toastbrotscheiben bedecken.
> Einen Teller auflegen und mit Konservedosen oder anderen Gewichten beschweren.
> Im Kühlschrank über Nacht durchkühlen lassen.
> Nach dem Kühlen mit einem Messer den Rand behutsam lösen und das Brot umgedreht auf eine Servierplatte stürzen.
> Den zurückgehaltenen Saft mit Cassis verrühren und über das gesamte Früchte-Brot träufeln.

Apfelrösti

2 Brötchen (Milchbrötchen oder Hefebrot in Scheiben geschnitten)
50 g Butter
4 Äpfel geschält, mit einer Reibe oder einem Messer in dünne Scheiben geschnitten
50 g Zucker
10 g Vanillezucker
1 Prise gemahlener Zimt
40 g Sultaninen
40 g gehackte Walnüsse
Puderzucker
Vanilleeis

> Die Brötchenscheiben in einer Pfanne mit 30 g Butter rösten.
> Apfelscheiben mit 20 g Butter beigeben und mitdünsten.
> Zucker, Zimt und Vanillezucker beigeben und karamellisieren.
> Zum Schluss die Sultaninen mit den Walnüssen untermengen.
> Auf einem Teller anrichten, mit Puderzucker bestreuen und 1 Kugel Vanilleeis dazu reichen.

» **Mein Tipp:** Als „Erwachsenenvariante" können Sie die Sultaninen über Nacht in braunen Rum einlegen.

Brotschmarren

120 g Brot aus süßem Hefeteig in Würfel (ca. 1,5 x 1,5 cm)
150 ml Vollmilch
30 g Butter
30 g Zucker
4 Eier (Größe M)
50 g Sahne
Puderzucker zum Bestauben

> Milch über die Brotwürfel gießen und mischen.
> Butter in einer Pfanne erhitzen, Brotwürfel dazugeben, goldgelb anbraten, Zucker beigeben.
> Eier und Sahne mischen, dazu geben und gut umrühren.
> Sofort auf einen Teller anrichten und mit Puderzucker bestreuen.

» **Mein Tipp:** Aprikosenkompott oder Früchtekompott dazu reichen.

Arme „edle" Ritter

4 Scheiben Toastbrot oder Sandwichbrot ohne Rinde
200 g Sahne
2 Eier (Größe M)
Butter
Zimt-Zucker-Mischung
Vanilleeis

Für das Erdbeerkompott:
200 g Erdbeeren
10 g Zucker
50 g Sahne

> Für das Erdbeerkompott gewaschene und gestückelte Erdbeeren mit Zucker bestreuen. 30 Min. kalt stellen, Sahne halb steif schlagen und unter die Erdbeeren mischen.
> Toastbrotscheiben diagonal halbieren und in die Sahne einlegen.
> Eier in einer Schüssel verrühren und die Toastbrotscheiben wie beim Panieren in den Eiern drehen und in einer Pfanne mit Butter hell ausbacken.
> Anschließend in Zimt-Zucker wenden.
> Arme Ritter mit Erdbeerkompott und einer Kugel Vanilleeis anrichten.

Brotkuchen mit Johannisbeeren bereichert jede Kaffeetafel.

Brotkuchen mit Johannisbeeren

180 g Brot aus süßem Hefeteig
220 ml Vollmilch
120 g Zucker
100 g Butter
3 Eigelb (Größe M)
2 TL gemahlener Zimt
abgeriebene Schale ½ Zitrone
2 Prisen Salz
200 g gemahlene Haselnüsse
3 Eiweiß (Größe M)
30 g Speisestärke
600 g Früchte (Johannisbeeren oder Früchte mit einem hohen Säuregehalt)
Butter und Paniermehl (Semmelbrösel) für die Backform
Puderzucker zum Bestauben

> Hefezopf in 220 ml Milch und 40 g Zucker über Nacht einweichen und am nächsten Tag zu einer feinen Masse verrühren.
> Butter und 40 g Zucker schaumig rühren, Eigelb nach und nach dazugeben, Zimt, Zitrone, 1 Prise Salz und Haselnüsse untermischen und alles unter den eingeweichten Hefezopf heben.
> Eiweiß, 1 Prise Salz und 40 g Zucker steif schlagen, Speisestärke dazugeben und den Eischnee unter die Masse mischen.
> Erst zum Schluss die Johannisbeeren beigeben.
> Backform (Springform) mit Butter einfetten und mit Paniermehl ausstreuen. Masse in die Form füllen und im vorgeheizten Backofen bei 200 °C ca. 45 Min. backen.
> Nach dem Auskühlen mit Puderzucker besieben.

Aufstriche & Co.

Leckere Kleinigkeiten, die den Unterschied ausmachen!

Tapas, pikante und süße Aufstriche

Arme Ritter „Olé“

Ergibt 12 Stück

12 Scheiben Baguette
200 ml Rotwein
100 g Zucker
2 Eier (Größe M)
Weizenmehl Type 405 zum Panieren
Zimt-Zucker-Mischung
200 ml Sahne

- Das Baguette in 12 gleichgroße Scheiben schneiden und in Rotwein und 100 g Zucker einlegen.
- Wenn die Baguettescheiben sich mit dem Rotwein vollgesogen haben, werden sie in Mehl gewendet.
- Eier in einer Schüssel verquirlen und die Brotscheiben wie beim Panieren im Ei drehen, danach in einer Pfanne mit Speiseöl ausbacken.
- Anschließend in der Zimt-Zucker-Mischung wenden, auskühlen lassen und mit geschlagener Sahne servieren.

Shrimpsnack

Ergibt 16 Stück

4 Scheiben Toastbrot oder Sandwichbrot
150 g Bio-Shrimps, fein gehackt
50 g Sahne
1 EL Sojasauce
1 TL Ingwer, gerieben
Knoblauchsalz
Curry
Pfeffer
1 Eiweiß (Größe M)

Zum Frittieren:
Eiweiß
Sesam
Frittierfett

- Die Kruste vom Toastbrot abschneiden und mit einer Ausstechform (oder einem Glas) runde Scheiben ausstechen, ungefähr in der Größe eines Eisportionierers.
- Die Brotreste mit Sahne, Sojasauce und Eiweiß verrühren bis es eine Masse ergibt.
- Shrimps fein hacken, zur Masse dazu geben, Ingwer und Gewürze beimengen.
- Diese Mischung mit einem Löffel oder Eisportionierer auf die runden Toastbrotscheiben setzen. Im Kühlschrank ca. 30 Min. kühlen.
- Vor dem Frittieren die Shrimpskugeln zuerst in Eiweiß, dann in Sesam tunken.
- Bei 170 °C im Frittierfett goldgelb ausbacken. Auf Küchenkrepp abtropfen lassen.

» **Mein Tipp:** Mit einem Zahnstocher einen Shrimp als Dekoration aufsetzen.

Tomaten-Bruschetta

Ergibt 12 Stück

12 Scheiben Baguette (1,5 cm dick)
Olivenöl
400 g Tomaten, in kleine Würfel geschnitten
10 g Knoblauch, fein gehackt
20 g Basilikum, frisch, in Streifen geschnitten
30 g Olivenöl
Salz, Pfeffer, Paprika

> Baguettescheiben mit Olivenöl beträufeln und goldgelb rösten.
> Alle anderen Zutaten mischen und auf den Baguettescheiben verteilen.

» **Mein Tipp:**
Für eine schärfere Variante können Sie etwas Tabasco (Pfeffersauce) oder Peperoni zu den Tomaten mischen.

Mareikes Winzersnack

Ergibt 4 Stück

4 Brötchenhälften
100 g gekochter Schinken, gewürfelt
100 g Salami, gewürfelte
50 g Champignons, frisch oder aus der Dose in Scheiben geschnitten
100 g Sahne
100 g weiche Butter
150 geriebener Käse (Pastakäse, Gratinkäse)
Salz, Pfeffer, Paprikapulver

» **Mein Tipp:**
Dieser Aufstrich lässt sich hervorragend vorbereiten. Einfach im Kühlschrank aufbewahren, und – wenn die Gäste kommen – nur noch die Brötchenhälften mit der Masse bestreichen und in den Ofen schieben.

> Wenn Sie frische Champignons verwenden, sollten Sie diese zuerst in einer Pfanne andünsten und auskühlen lassen. Champignons aus der Dose können Sie ohne Vorbereitung verwenden.
> Alle Zutaten bis auf den Käse miteinander vermischen, den Käse zum Schluss unterrühren und würzen.
> Den Aufstrich auf die Brötchenhälften verteilen, auf ein mit Backpapier belegtes Backblech legen und bei 200 °C Oberhitze ca. 10-15 Min. auf der oberen Schiene überbacken.

Winzersnacks sind tolle Partybrötchen.

Elsässer Brotaufstrich

200 g Brotscheiben (Brot nach Wahl, 12 Scheiben)
140 g Speck in feine Streifen geschnitten
50 g Zwiebel, fein gehackt
120 g Kartoffeln (Pellkartoffeln)
50 g Gewürzgurken in Würfel geschnitten
70 g Mayonnaise (siehe S. 138)
170 g Sauerrahm (saure Sahne)
Pfeffer, Muskatnuss

- Speckstreifen und Zwiebelstücke in einer Pfanne anrösten und abkühlen lassen.
- Pellkartoffeln mit einer groben Reibe in Streifen raspeln, mit Gurkenwürfeln, Mayonnaise, Sauerrahm, Gewürzen, Zwiebeln und Speck mischen.
- Im Kühlschrank für mindestens 30 Min. stehen lassen. Je nach Kartoffelsorte kann die Füllung mehr oder weniger trocken werden. Das können Sie jedoch mit Sauerrahm regulieren.
- Aufstrich auf die Brotscheiben verteilen und servieren.

Kräuter-Knoblauchbutter

1 Bund gemischte Kräuter
2 fein gehackte Knoblauchzehen
100g weiche Butter
½ TL Zitronensaft
je 1 Prise Salz und Pfeffer

- Kräuter waschen und fein hacken.
- Knoblauchzehen schälen und klein schneiden, mit einem Mixer oder im Mörser mit Salz zu einem Brei verarbeiten.
- Butter schaumig rühren und die Kräuter mit Knoblauchbrei untermischen, mit Salz, Pfeffer und Zitronensaft abschmecken.

Meerrettich-Aufstrich

100 g weiche Butter
10 g Wasser
1 Prise Salz
25 g frischer Meerrettich, fein gerieben
Senf, Pfeffer, Worcestersauce, Zitronensaft

- Butter schaumig rühren, Wasser beigeben, Salz und Meerrettich unterrühren und mit den restlichen Zutaten würzen.

» **Mein Tipp:**
Damit die Butter auch im gekühlten Zustand angenehm weich bleibt, wird etwas Wasser beigegeben.

Oliven-Tomaten-Butter

250 g Butter
100 g getrocknete, in Öl eingelegte Tomaten
100 g Oliven, entsteint
1 Bund Basilikum
1 EL Tomatenmark
1 EL Wasser
1 TL Oregano
1 Prise Salz
1 Prise Pfeffer

> Tomaten (ohne Öl), Oliven und Basilikumblätter klein schneiden. Butter schaumig rühren und übrige Zutaten untermischen. Butter mindestens 1-2 Stunden kalt stellen.

Eier-Kanapees

5 Brötchen (10 Brötchenhälften)
8 hart gekochte Eier
100 g Mayonnaise (siehe S. 138)
1 TL Dijonsenf
1 TL Kräuteressig
10 g Schnittlauch
100 g Butter

> Gekochte Eier fein hacken, mit Mayonnaise, Senf, Kräuteressig und Schnittlauch mischen.
> Brötchenhälften mit Butter bestreichen, Eiersalat darauf verteilen und mit Gürkchen, Tomatenscheiben, Petersilie usw. ausgarnieren.

» **Mein Tipp:** Sie können auch Toastbrotscheiben (ca. 1,5 cm dick) rund ausstechen und darauf mit einem Eisportionierer die Eiermasse verteilen.

Räucherlachs-Aufstrich

10 Scheiben Baguette
200 g Räucherlachs am Stück
2 EL Sauerrahm
1 TL Dijonsenf
1 TL abgeriebene Zitronenschale
Salz, Pfeffer
frisch gehackter Dill

> Die Hälfte des Lachs pürieren, den restlichen Lachs fein würfeln, mit Sauerrahm und Senf verrühren.
> Mit Zitronenschale, Salz und Pfeffer abschmecken.
> Auf die Baguettescheiben streichen und vor dem Servieren mit gehacktem Dill bestreuen.

Aioli

1 Eigelb (Größe L)
1 Prise Salz
2 EL warmes Wasser
500 ml Sonnenblumenöl
8 Knoblauchzehen
1 Spritzer Zitronensaft

> Knoblauchzehen schälen und klein schneiden.
> In einem Mixer oder im Mörser mit Salz und ein paar Tropfen Öl zu einem Brei verarbeiten.
> Knoblauchbrei mit dem Handrührgerät in ein hohes Gefäß füllen und mit Eigelb und Wasser schaumig rühren.
> Das Öl wird tröpfchenweise unter ständigem Rühren dazugegeben bis eine homogene Masse entsteht.
> Mit Salz und Zitronensaft abschmecken und fertig ist der leckere Knoblauchaufstrich.

Himbeerbutter

125 g Butter
70 g Himbeeren
1 EL Honig

- Himbeeren pürieren, durch ein Sieb streichen und mit der weichen Butter und dem Honig mischen.
- Es eignen sich auch andere Früchte, wie z. B. Erdbeeren oder Waldbeeren aus der Tiefkühltruhe, für dieses Rezept.

Schoko-Nuss-Aufstrich

125 g Butter
2 EL Honig
3 EL Kakao
1 TL Bourbon-Vamillezucker
20 g gemahlene Haselnüsse
10 g gemahlene Mandeln

- Haselnüsse und Mandeln in einer Pfanne anrösten und abkühlen lassen. Butter schaumig schlagen und restliche Zutaten unterrühren.

Aprikosen-Aufstrich

100 g getrocknete, fein gewürfelte Aprikosen
100 ml Orangensaft
4 EL gemahlene Haselnüsse
1 EL Zitronensaft
1 Prise Zimt

- Die Aprikosenwürfel in Orangensaft über Nacht einweichen. Anschließend Masse mit Einweichflüssigkeit pürieren und Zitronensaft, Nüsse und Zimt unterrühren.

Müsli-Aufstrich

100 g Frischkäse
30 g Müsli
3 EL Orangensaft
1 TL Bourbon-Vanillezucker

- Das Müsli mit Orangensaft für 10 Min. quellen lassen. Frischkäse mit Vanillezucker verrühren und unter das Müsli geben.

Leckere Extras

Karamellisierter Knoblauch

4 EL Olivenöl
30 g Butter
20 g Zucker
20 Knoblauchzehen

> Ofen auf 180 °C vorheizen.
> 4 EL Olivenöl, 30 g Butter und 20 g Zucker in einer ofenfesten Pfanne erhitzen.
> Sobald die Butter geschmolzen ist, 20 geschälte Knoblauchzehen dazugeben.
> Das Ganze für ca. 20-25 Min. in den Ofen schieben bis der Knoblauch karamellisiert ist.
> Auf einem Küchenkrepp abtropfen und auskühlen lassen.

Getrocknete Tomaten

350 g Kirschtomaten oder 8 große Tomaten
ca. 2 TL Pizzagewürz
Salz, Pfeffer, Zucker
Olivenöl

> Kirschtomaten halbieren, größere Tomaten vierteln und mit der Schnittfläche nach oben auf ein mit Olivenöl gefettetes Backblech legen. Mit je 1 Prise Salz, Pfeffer, Zucker und Pizzagewürz (oder Kräuter der Provence) bestreuen.
> Das Backblech für 5 Min. in den vorgeheizten Ofen bei 200 °C schieben. Ofen ausschalten und die Tomaten bei geschlossener Ofentür für mind. 5 Stunden im Ofen lassen.

Tomatensoße

100 g Olivenöl
200 g rote gehackte Zwiebeln
50 g gehackter Knoblauch
1,5 kg Tomaten, in Würfel geschnitten
100 g Tomatenmark
Salz, Pfeffer
1 EL frischer, gehackter Oregano
1 EL frischer, gehacktes Basilikum
50 g Butter

> Olivenöl in einem Topf erhitzen und die gehackten Zwiebeln und der gehackte Knoblauch darin andünsten.
> Tomatenwürfel und Tomatenmark dazugeben, mit Salz und Pfeffer abschmecken.
> Das Ganze bei niedriger Temperatur ½ Std. kochen lassen.
> Anschließend Oregano, Basilikum und Butter beigeben und nochmals kurz aufkochen lassen.

Tipp

Praktisch für Pizza

Wenn Sie die Tomaten pürieren, erhalten Sie eine ausgezeichnete Sauce für eine Pizza, für Pita- und Fladenbrotbelag.
Bedecken Sie die getrockneten Tomaten in einem Gefäß mit Olivenöl, so halten sie sich mehrere Wochen.

Mayonnaise

2 Eigelb
5 g Senf
Worcestersauce
1 Prise Salz,
weißer Pfeffer
1 TL Kräuteressig oder Zitronensaft
350 ml Sonnenblumenöl

Alle Zutaten sollten Zimmertemperatur haben.

> Eigelb, Senf, Worcestersauce, Salz, Pfeffer und Zitronensaft mit dem Schneebesen verrühren.
> Das Sonnenblumenöl langsam, als feiner Strahl beigeben und immer dabei rühren.
> Bei der Herstellung im Mixer: Eigelb durch ein ganzes Ei ersetzen, Zutaten mixen und Sonnenblumenöl langsam beigeben.

Vanillesauce

200 ml Vollmilch
2 Vanilleschoten
10 g Maisstärke
1 Ei
40 g Zucker
200 g Sahne

> Milch in einen Topf geben, Vanilleschoten längs aufschneiden, das Mark auskratzen und in die Milch geben.
> Die Milch aufkochen lassen.
> Maisstärke, Zucker und 1 Ei gut mischen und unter ständigem Rühren in die Milch geben.
> Weiter rühren bis sich die Sauce verdickt hat.
> Zum Schluss die flüssige Sahne beigeben.

Vanillezucker

Gebrauchte Vanilleschoten
Zucker

> Gebrauchte Vanilleschoten abwaschen und trocknen. In ein verschlossenes Gefäß mit Kristallzucker geben. Wenn Sie einen Mixer besitzen, können Sie auch 200 g Kristallzucker mit 20 g Vanilleschoten mixen. Durch ein Sieb die groben Vanillestückchen aussieben.

Tipp

Mayonnaise-Varianten

Cocktailsauce: Mayonnaise mit Tomatenketchup oder Tomatenmark verrühren und mit einem Schuss Cognac abschmecken.
Dillsauce: 25 g Schlagsahne aufschlagen und unter die Mayonnaise heben. Mit frischem, gehacktem Dill und Zitronensaft abschmecken.
Tatarsauce: 2 hart gekochte Eier, 20 g Gewürzgurken und 20 g Zwiebeln in feine Würfel schneiden. Mayonnaise mit 1 EL Essig, Salz, Pfeffer, Eier-, Gurken-, Zwiebelwürfeln, einigen Kapern und gehackter Petersilie mischen.

Rezeptverzeichnis

Bildquellen

Teubner Foodfoto: S. 47
Alle anderen Fotos inklusive Titelfotos stammen von Michael Brauner, Karlsruhe.

Die in diesem Buch enthaltenen Empfehlungen und Angaben sind von der Autorin mit größter Sorgfalt zusammengestellt und geprüft worden. Eine Garantie für die Richtigkeit der Angaben kann aber nicht gegeben werden. Autorin und Verlag übernehmen keinerlei Haftung für Schäden und Unfälle.

Bibliografische Information der Deutschen Nationalbibliothek
Die Deutsche Nationalbibliothek verzeichnet diese Publikation in der Deutschen Nationalbibliografie; detaillierte bibliografische Daten sind im Internet über http://dnb.d-nb.de abrufbar.

Wollgrasweg 41, 70599 Stuttgart (Hohenheim)
E-Mail: info@ulmer.de
Internet: www.ulmer.de
Lektorat: Anke Ruf, Birgit Wörner
Herstellung: Silke Reuter
Umschlagentwurf: red.sign, Anette Vogt, Stuttgart
Druck und Bindung: Westermann Druck, Zwickau
Printed in Germany

ISBN 978-3-8001-5852-2